Porque importan los niños

Porque importan los niños

Johann Christoph Arnold

Plough Publishing House

Publicado por Plough Publishing House
Walden, Nueva York
Robertsbridge, Inglaterra
Elsmore, Australia
www.plough.com

Título del original: *Why Children Matter*

Traducido del inglés por Ana Laura Segovia
Revisado por Plough Publishing House

ISBN: 978-0-87486-893-7
22 21 20 19 18 4 5 6 7 8 9

A catalog record for this book is available from the British Library.
Library of Congress Cataloging-in-Publication Data

Arnold, Johann Christoph, 1940-
[Why children matter. English]
Porque importan los niños / Johann Christoph Arnold.
pages cm
ISBN 978-0-87486-893-7 (pbk.)
1. Child rearing--Religious aspects. 2. Children--Religious aspects--Christianity. I. Title.
HQ769.3.A7518 2012
248.8'45--dc23

2013024410

Impreso en los Estados Unidos de América

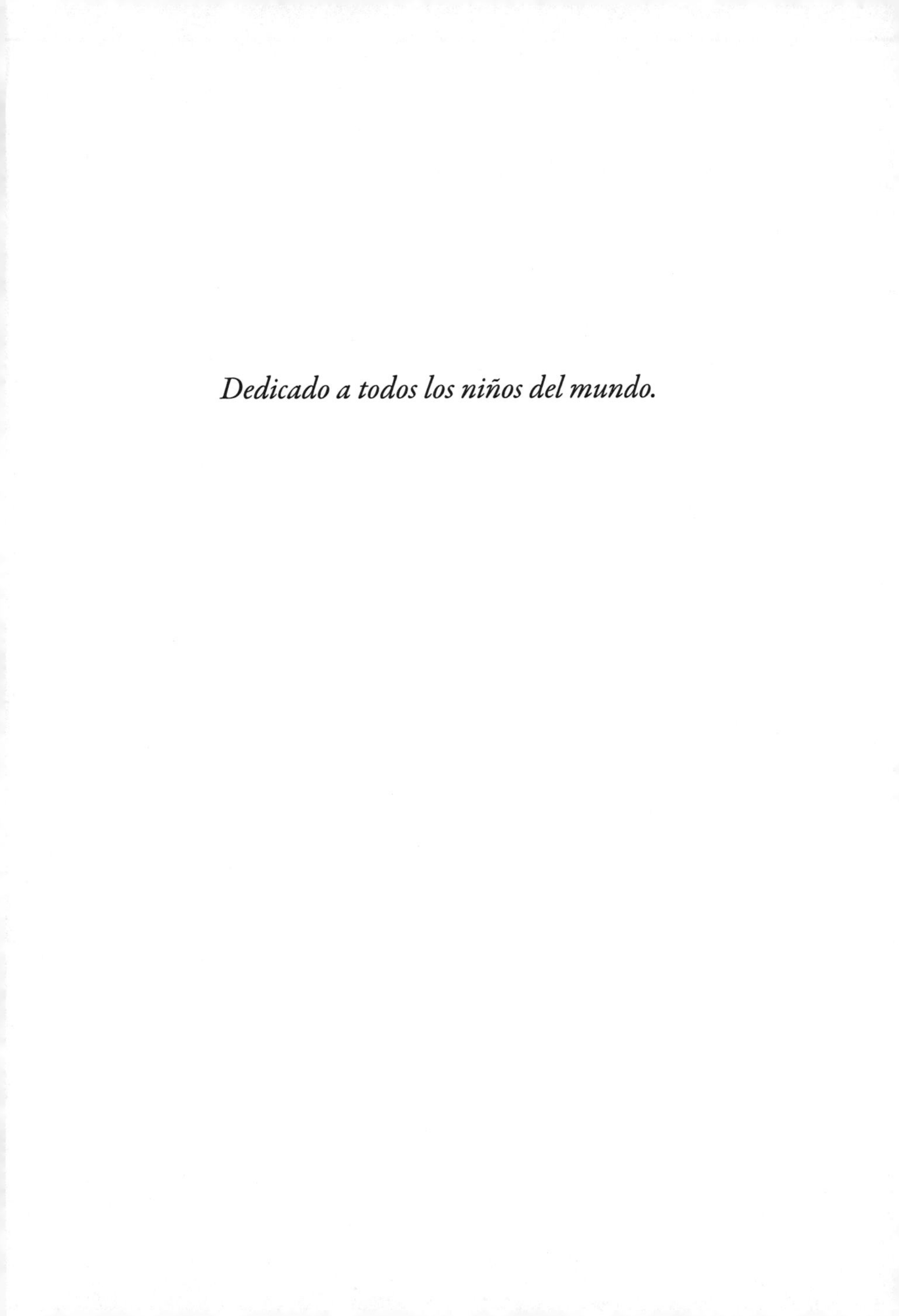

Dedicado a todos los niños del mundo.

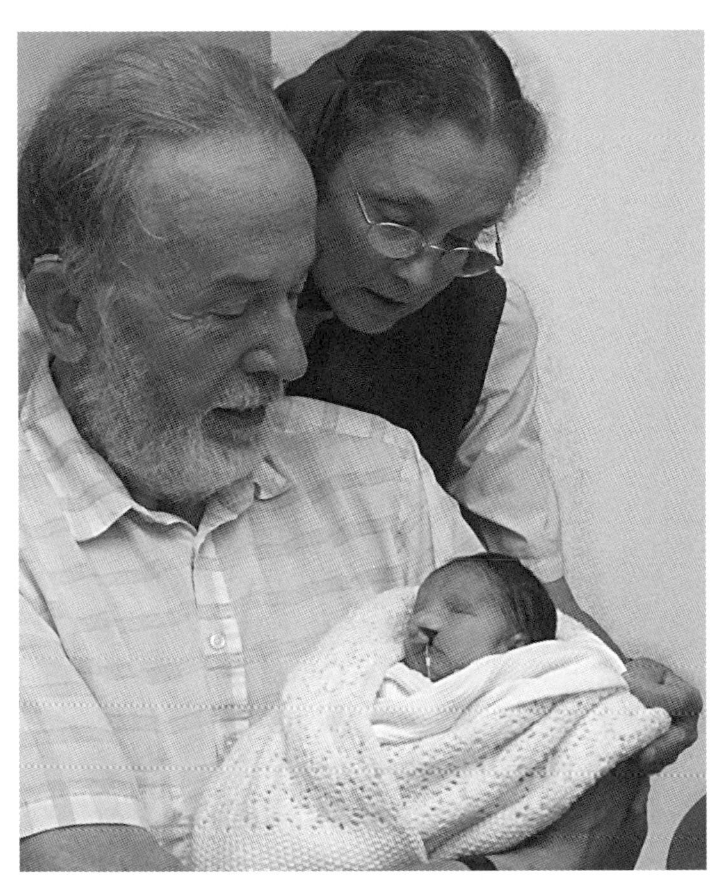

El autor y su esposa, Verena, con su nieta Stephanie Jean Rimes
(3 de setiembre – 5 de octubre, 2008)

Contenido

Nota para el lector

de Timothy Michael Cardinal Dolan
Arzobispo de Nueva York

Querido Lector,

Como Dios mandó a nuestros primeros padres que sean fructíferos y se multipliquen, y continuó con una ininterrumpida enseñanza a lo largo de miles de años, el matrimonio y la procreación han sido revelados no meramente como un precepto arbitrario de Dios, sino como una imitación de su verdadera naturaleza: el amor que da vida.

En una era en la cual, tanto la importancia como la definición de la familia parecen estar bajo un constante ataque por todos lados. Mi amigo Johann Christoph Arnold provee una perspectiva muy necesaria del matrimonio y un enfoque de la crianza del niño que son a la vez probados en el tiempo y totalmente actualizados, y firmemente fundamentados en la fe.

En esta obra cautivante, el Pastor Arnold explica certeramente que podemos seguir criando a nuestros hijos de la manera correcta y evitar ceder ante las presiones de una cultura confusa. Sin rodeos, sus enseñanzas mantienen la compasión del evangelio genuinamente demostrando su preocupación por la situación complicada que enfrentan los padres con un adolescente difícil o un niño discapacitado. Conforme la estructura de la familia y de la sociedad son desafiadas, él ofrece pasos concretos para fortalecer y animar a aquellos padres que quieren transmitir a sus hijos los valores que sus padres les transmitieron a ellos.

A menudo he dicho que la mayor bendición que he recibido fue el haber sido hijo de Robert y Shirley Dolan, y haber sido criado dentro de la amorosa familia de mis padres y cuatro hermanos y hermanas. Mientras leía *Porque importan los niños,* me encontré a mí mismo asintiendo conforme veía que el amor y la sabiduría de mis propios padres eran reflejados en los sabios consejos de Arnold.

En las páginas que siguen, te invito a disfrutar de la perspectiva que refleja la experiencia y la tradición de una generación entera de pastores y maestros que guiaron escuelas, padres y niños, a través de los últimos cien años, en Europa, Sudamérica y los Estados Unidos. Oro para que *Porque importan los niños* pueda ayudar a traer una mejor comprensión sobre el maravilloso regalo que son el matrimonio y la familia.

Sinceramente,
Timothy Michael Cardinal Dolan
Arzobispo de Nueva York
Ciudad de Nueva York, marzo del 2012

Introducción

EN LOS QUINCE AÑOS que transcurrieron desde que escribí mi primer libro sobre la crianza de los hijos, la situación de nuestros niños solo ha ido empeorando; el mundo está en crisis porque no amamos a nuestros hijos lo suficiente.

Dios ha sido casi completamente retirado de las escuelas y de otros lugares públicos. En muchos distritos, la educación sexual es obligatoria desde el primer grado, y a causa del divorcio y del recasamiento, el concubinato, la unión entre personas del mismo sexo, la palabra «familia» es utilizada para casi todo. Como resultado de esto, el verdadero significado de un matrimonio cristiano —y por consiguiente la verdadera imagen de la familia— ha sido desdibujado, por no decir destruido. El trágico resultado puede verse en todas partes.

En el fondo, todos anhelamos la familia tal como Dios la creó, y es el orden dado por Dios para la familia el que nuevamente puede traer estabilidad a nuestra cultura y a nuestros niños. Tristemente, a menudo, no queremos someternos al plan de Dios sino, por el contrario, somos distraídos por elevadas metas educativas. Hay una tremenda presión para convertir a los niños en adultos en miniatura.

Todos nosotros fuimos creados a la imagen de Dios, pero los niños son únicos, porque ellos son el reflejo más parecido a la creación original de Dios. Retornar a la primera creación será una ardua batalla, pero es mi esperanza que este libro traiga tanto visión como coraje, a padres, abuelos y educadores en su caminar.

Cuando Dios creó a Adán y Eva, Él les dio, a ellos y a nosotros, el mandamiento de ser fructíferos y multiplicarse, y por medio de esto, conquistar el mundo. Este mandamiento es aún más importante hoy de lo que lo fue entonces. Demuestra que los niños son importantes para Dios, y por lo tanto, deberían importarnos a nosotros. Mientras exista este mundo, Dios quiere que nazcan niños. Él los necesita a cada uno de ellos para su reino venidero. Las familias jóvenes deberían tomar en serio este mandamiento que es uno de los más hermosos.

Traer a un niño al mundo hoy día es más atemorizante que nunca, y criar a un niño nunca fue tan difícil. Pero bien vale la pena el desafío, y nuestro futuro depende de ello. Tal como dice el muy conocido refrán jasídico: «Si salvas a un niño, puedes salvar al mundo».

Vivimos en un tiempo en el cual no solo hay temor, sino también hostilidad hacia las familias y los niños. Y aunque los gobiernos y legisladores se preocupen por la sobrepoblación del mundo, los niños siguen siendo parte del plan de Dios.

Cuando el comentarista británico Malcolm Muggeridge preguntó a la Madre Teresa si ella pensaba que había demasiados niños en la India, donde muchos mueren de enfermedades, inanición y por negligencia, ella le dio esta respuesta extraordinaria: «No estoy de acuerdo, porque Dios siempre provee. Él provee para las flores y los pájaros, para todo lo que Él ha creado. Y esos pequeños niños son su vida. ¡Nunca serán suficientes!».

Fundar nuevas familias y traer niños al mundo siempre serán un paso de fe. Pero puede dar propósito a nuestras vidas y será más gratificante que cualquier otro emprendimiento.

Johann Christoph Arnold
mayo del 2012

1

El espíritu de niño

A menos que ustedes cambien y se vuelvan como niños, no entrarán en el reino de los cielos.

Mateo 18:3
Nueva Versión Internacional

El espíritu de niño

«ENTONCES LE TRAJERON algunos niños para que pusiera las manos sobre ellos y orara; y los discípulos los reprendieron. Pero Jesús dijo: Dejad a los niños, y no les impidáis que vengan a mí, porque de los que son como éstos es el reino de los cielos» (Mateo 19:13–14).

Con estas palabras, Jesús nos dice que los niños son importantes. Y su afirmación de que el reino de Dios les pertenece a ellos es un mensaje que todavía necesitamos hoy: en nuestro tiempo tanto como en el suyo, a menudo los niños no son deseados.

Los adultos muchas veces fallamos al no comprender cuán cerca de Dios están los niños. Hemos olvidado que Jesús dice: «Sus ángeles en los cielos contemplan siempre el rostro de mi Padre que está en los cielos» (Mateo 18:10). «Ángel» significa «mensajero»; los ángeles defensores son espíritus enviados por Dios para proteger y guiar a los niños. A diferencia de esos ángeles y de los niños, nosotros no podemos ver a Dios. Pero sí podemos ver a los niños, y podemos recibirlos en nuestros corazones. Al recibirlos a ellos, recibimos a Jesús mismo (Lucas 9:48).

¿Cómo llevamos a los niños a Jesús? En primer lugar, debemos creer en él nosotros mismos, y venir a él con confianza y fe. En el Nuevo Testamento leemos que Simeón y Ana, dos personas muy ancianas, esperaron al Mesías, el «consuelo de Israel», durante toda su vida. Cuando Jesús nació, ellos dieron la bienvenida al nuevo bebé con gozo, y creyeron. Ahora ellos podían enfrentar la muerte sin temor y podían vivir en paz (Lucas 2:25–38).

Como pastor, a menudo me piden que bendiga a bebés recién nacidos, y ésta es una de las cosas más maravillosas que hago. Jesús mismo dijo que «El que reciba a un niño como éste en mi nombre, a mí me recibe; y el que me recibe a mí, no me recibe a mí, sino a aquel que me envió» (Marcos 9:37). Esta actitud de amor y fe es de lo que se trata el espíritu de niño.

Todos aman a un recién nacido, pero aun los bebés pueden rápidamente poner a prueba nuestra paciencia y muy pronto pueden parecer una carga o un inconveniente. Pero no importa cuántos problemas que traigan, los niños son regalos de Dios. Cuando los recibimos de esta manera, Dios de seguro nos bendecirá y nos dará las fuerzas para criarlos. Esto debería ser un aliento para todas las familias jóvenes y para aquellos que están pensando formar una familia. Especialmente cuando enfrentamos la adversidad, Dios está esperando para ayudarnos, siempre que presentemos nuestras oraciones, peticiones y que llamemos a la puerta (Mateo 7:7–11). Entonces las puertas se abrirán.

En un tiempo en el cual la fe inocente de un niño es objeto de burla y desprecio como nunca antes, haríamos bien en recordar las palabras de Jesús acerca de ser como niños, y su promesa de que ellos serán los mayores en el siglo venidero: «A menos que ustedes cambien y se vuelvan como niños, no entrarán en el reino de los cielos. Por tanto, el que se humilla como este niño será el más grande en el reino de los cielos» (Mateo 18:3–4; *Nueva Versión Internacional*).

Por el bien de los niños de todas partes, uno desea que este reino venga muy pronto.

2

Fundando una familia

Por esto el hombre dejará a su padre y a su madre, y se unirá a su mujer, y los dos serán una sola carne.

Efesios 5:31

Fundando una familia

Es obvio en todos los ámbitos que la familia tradicional y nuclear va camino a desaparecer. La familia, tal como la hemos conocido por siglos, se ha derrumbado; cada vez más, los niños están siendo criados por abuelos o hermanos. El aumento de la tasa de divorcios y las presiones crecientes del trabajo hacen que los padres confíen las responsabilidades del cuidado del niño a familiares.

La tecnología de reproducción asistida tal como la inseminación artificial puede tener consecuencias trágicas. Muchos niños ni siquiera saben quienes son sus verdaderos padres, o cómo están ellos emparentados con otros niños. Pareciera que hemos olvidado que la salud de la sociedad depende de la salud de sus familias.

El padre y la madre deberían tener siempre el rol principal como modelos en la vida del niño. Todos los niños anhelan conocer a las dos personas que los trajeron al mundo, para amarlos y ser amados por ellos. Tristemente, en demasiados casos, esas dos personas están ausentes. Afortunadamente, todavía hay gente que cree que la definición tradicional de la familia es no solo viable sino vital para la supervivencia. Pero eso puede suceder solamente si nos volvemos a las sencillas enseñanzas de Jesús, quien nos enseñó a amar a Dios y a nuestro prójimo como a nosotros mismos.

Jesús nos dice que juzguemos un árbol por sus frutos. Un buen árbol no puede producir un fruto malo, y un árbol malo no puede producir un buen fruto. De la misma manera, un matrimonio fuerte puede bendecir a miles de personas, mientras que uno malogrado deja tras sí una estela de devastación.

Para que un matrimonio perdure, debe ser Dios quien guíe un hombre hacia una mujer y viceversa, y ellos deben querer que sea él quien los mantenga unidos. Deben además desear su orden, el hombre sirviendo a su esposa como la cabeza espiritual, y la esposa sirviendo al marido en reciprocidad. A pesar de lo que piensa mucha gente, este tipo de relación no es restrictiva o limitante; sino por el contrario, es liberadora. Pero solo es posible si Cristo mismo guía a ambos cónyuges.

Para que un esposo conduzca a su esposa a Dios, debe respetarla y amarla y no gobernar sobre ella de una manera dominante. Él debe dejarse guiar por el Espíritu Santo y recordar que el verdadero liderazgo significa servicio. El apóstol Pedro nos advierte que a menos que tengamos en cuenta a nuestras esposas y las honremos, nuestras oraciones pueden ser estorbadas (1 Pedro 3:7). Del mismo modo, una mujer debería amar y respetar a su esposo.

La oración es crucial para mantener un matrimonio saludable: «la familia que ora unida, permanece unida». El esposo y la esposa deberían orar juntos diariamente, por los hijos, por cada uno, y por los que están alrededor de ellos. Dado el ritmo agitado de la vida actual, puede ser de ayuda establecer tiempos regulares para la oración: cada mañana antes de desayunar, por ejemplo, y cada noche antes de ir a dormir. Por supuesto que uno puede orar en otros momentos también, dondequiera que uno se encuentre. Pero estar ocupado o cansado no es una excusa. Cuántos de nosotros pasamos tiempo leyendo el periódico, enviando mensajes a amigos, o mirando la televisión cada noche, pero no tenemos tiempo para nuestros cónyuges o para Dios.

Los estudios sociológicos han demostrado una y otra vez que la familia de dos padres es la mejor tierra para la crianza de los hijos. Sin embargo, el mundo está lleno de padres solteros a quienes también hay que elogiar y alentar. He trabajado con muchos de ellos a lo largo de los años, y he llegado a amarlos a ellos y a sus hijos de una manera especial. Esos niños tienen tanto para aportar al mundo como cualquier otro, independientemente de su estructura familiar o las circunstancias de su nacimiento y su crianza.

Aun así, el matrimonio entre un hombre y una mujer con el compromiso de ser fieles para toda la vida es el mejor fundamento para la salud emocional y estabilidad de un niño. El rompimiento de las relaciones familiares ya sea debido a la infidelidad, el divorcio o la adicción, son devastadores para un niño y pueden dejar cicatrices por vida.

Mucha gente ora por la voluntad de Dios, pero solo la sigue si concuerda con la de ellos. Si realmente amamos a Dios, buscaremos seguirlo independientemente de los resultados; sentiremos que nuestro más profundo gozo y nuestra mayor seguridad reposa en ser fieles a él a cualquier costo. Al volvernos a Dios cuando nuestro matrimonio tambalee, encontraremos la sabiduría y la fortaleza para poner las cosas en orden. Él es el único fundamento seguro sobre el cual construir una familia y criar a los hijos.

El niño no nacido

Los nueve meses de espera de un bebé pueden profundizar la relación de pareja y acercarlos el uno al otro mucho más que cualquier otro tiempo en el matrimonio. Especialmente si se trata de una pareja que espera su primer bebé, hay una sensación de entusiasmo y la emoción de lo desconocido, una extraña mezcla de ansiedad y gozo. Hay además un asombro ante el misterio de una nueva vida y la responsabilidad de la paternidad.

Hoy día, muy pocas parejas experimentan este sentir de asombro y misterio. El embarazo parece más bien una condición médica de rutina que una afirmación de la vida llena de gozo, y cualquier secreto que la madre pudo haber tenido alguna vez, ahora es anunciado a parientes y familiares en forma de resultados de análisis y ecografías. Pero, ¿es el desarrollo del bebé dentro del vientre de la madre un mero proceso biológico?

En su libro *Innenland,* mi abuelo Eberhard Arnold describió al niño no nacido como un alma, «un pequeño ser esperando ser llamado desde la eternidad». Si esto es cierto, el embarazo requiere no solo cuidado médico, sino también reverencia, y deberíamos prestar tanta atención a las necesidades espirituales de la madre como nos preocupamos de programar sus controles médicos.

Para el no nacido, tanto como para el niño ya nacido, una vida familiar amorosa y estable es de suma importancia. Aun cuando todavía está en el vientre, un niño puede sufrir si no es nutrido con amor y ternura. Por lo tanto, las peleas entre esposo y esposa pueden dañar el bebé en desarrollo, tanto como fumar o beber. Por supuesto que las emociones y las experiencias positivas pueden afectar al bebé en igual medida, por lo cual los futuros padres deberían ser animados a cantar y orar juntos con su nuevo niño, aún antes de nacer.

El que los niños pueden compartir las emociones de la madre está bellamente ilustrado en el Evangelio de Lucas (Lucas 1:41–44):

> Y aconteció que cuando Elisabet oyó el saludo de María, la criatura saltó en su vientre; y Elisabet fue llena del Espíritu Santo, y exclamó a gran voz y dijo: ¡Bendita

tú entre las mujeres, y bendito el fruto de tu vientre! ¿Por qué me ha acontecido esto a mí, que la madre de mi Señor venga a mí? Porque he aquí, apenas la voz de tu saludo llegó a mis oídos, la criatura saltó de gozo en mi vientre.

De manera similar, el escritor alemán Joseph Lucas dice que los pensamientos de la madre son pasados a su hijo cuando todavía está en su vientre. Todo lo bueno de ella, su amor, pureza, fuerza, son plantados dentro del niño antes de nacer. De cierta manera, él menciona, la vida de la madre durante el embarazo establece el fundamento para toda la educación posterior. Lo que viene después del nacimiento es «la manifestación y el desarrollo de lo que ya ha germinado en el alma».

Cuando una madre se entera que está embarazada, debería agradecer a Dios. Cuando Eva dio a luz a Caín dijo: «He adquirido varón con la ayuda del Señor.» (Génesis 4:1). Ella no dijo, «con la ayuda de Adán», sino «con la ayuda del Señor». Dios tiene un plan para cada niño, y debemos maravillarnos de ello.

¿Qué pasa con los embarazos que terminan en abortos espontáneos? Los médicos son rápidos en asegurar a las parejas que esa pérdida es la forma en que la naturaleza pone fin a una vida que no es viable, y en cierto sentido, esto es verdad. Pero aun el más corto embarazo representa una vida, un ser con un alma. Por esa razón, nadie debe aconsejar a la pareja que deje atrás muy rápido su pérdida o hacerla sentirse culpable por su dolor. Por otra parte, ellos eventualmente deben encontrar paz en esa circunstancia y aceptar la voluntad de Dios.

Por supuesto que los exámenes médicos, tal como ecografías, pueden proporcionar valiosa información al doctor sobre el embarazo, y pueden guiar las decisiones en lo que refiere al trabajo de parto y el alumbramiento. Pero esa información no siempre es una bendición. Actualmente, en casi todos los casos, los análisis que revelan potenciales anomalías y defectos conducen a una «interrupción voluntaria».

Solo Dios sabe exactamente cuántos inocentes niños no nacidos son abortados cada año, aunque sabemos que ese número alcanza millones. Y el aborto es un asesinato, sin excepción. Destruye la vida y se burla de Dios, a cuya imagen es creado cada niño no nacido. De ahí que una mujer que ha realizado o contemplado realizar un aborto siempre será atormentada en su conciencia. Ella podrá encontrar sanidad solo en Cristo, quien perdona cada corazón arrepentido.

Ni siquiera el argumento más persuasivo sobre la calidad de vida o la salud de la madre debería influir en nosotros, ni aún el caso de violación. ¿Quienes somos nosotros para decidir si un alma verá o no la luz del día? Aun el niño más discapacitado puede dar gloria a Dios. He experimentado esto muchas veces. Y nunca somos nosotros quienes colocamos tal carga en los padres del niño, sino Dios, cuya voluntad obrará para bien en cada situación (Romanos 8:28).

En un mundo obsesionado con la perfección y la elección, haríamos bien en recordar que Dios es un creador perfecto, y sus hijos no debieran hallar errores, sino simplemente alabar:

> Porque tú formaste mis entrañas;
> me hiciste en el seno de mi madre.
> Te alabaré, porque asombrosa y maravillosamente
> he sido hecho;
> maravillosas son tus obras,
> y mi alma lo sabe muy bien.
> No estaba oculto de ti mi cuerpo,

cuando en secreto fui formado,
y entretejido en las profundidades de la tierra.
Tus ojos vieron mi embrión,
y en tu libro se escribieron todos
los días que me fueron dados,
cuando no existía ni uno solo de ellos.

(Salmos 139:13–16)

4

Nacimiento

Cuando la mujer está para dar a luz, tiene aflicción, porque ha llegado su hora; pero cuando da a luz al niño, ya no se acuerda de la angustia, por la alegría de que un niño haya nacido en el mundo.

Juan 16:21

Nacimiento

CADA VEZ QUE NACE UN BEBÉ, la eternidad viene a nuestro mundo. Sentimos gozo con la llegada de un nuevo ser humano y sabemos que al recibir a un alma inocente, recibimos algo de las manos del mismísimo Creador. Esta es una vida de dimensión desconocida en la cual, tal como escribió el poeta Philip Britts, «una nueva nota sonará y un nuevo color será revelado».

Sin importar cuán difíciles sean las circunstancias del nacimiento, la mirada confiada de un bebé nos recuerda del amor y la ternura de Dios. Es como si él o ella estuvieran rodeados del aire puro del cielo. Tan solo podemos maravillarnos con el milagro del nacimiento, y con el hecho de que una vida única y singular ha sido dada por Dios.

Nuestra manera moderna de ver las cosas puede rápidamente destruir este sentido de asombro. Por ejemplo, mucha gente ve el nacimiento como un proceso meramente biológico, y al nuevo bebé como un «producto» de la concepción. Pero sin embargo se nos recuerda la función de Dios en el misterio de una nueva vida cada vez que una pareja sin hijos, después que se les ha comunicado que son estériles, depositan su anhelo en las manos de Dios y son luego sorprendidos por un embarazo inesperado.

Dorothy Day escribe: «aun el más endurecido, el más irreverente, se asombra ante el hecho extraordinario de la creación. No importa cuán cínica o casualmente el mundo trate el nacimiento de un bebé, este sigue siendo tanto física como espiritualmente un tremendo acontecimiento».

Esta actitud de asombro y reverencia debería permanecer en nosotros conforme criamos a nuestros hijos. Finalmente, nuestros hijos no nos pertenecen, son regalos de Dios que se nos confía. Y si nos aferramos a esta verdad, querremos educarlos siguiendo su dirección.

Vi muchos bebés antes de casarme, pero experimentar mi primer hijo fue algo muy diferente. Nada podía haberme preparado para el momento en el cual me di cuenta, repentinamente, que éste era *nuestro* bebé y no le pertenecía a nadie más. La responsabilidad de criar a un hijo estaba ahora sobre nuestros hombros.

Después del nacimiento, la madre debería recibir felicitaciones especiales. Es simplemente un hecho que ella es la única que hizo todo el trabajo duro, la única que cargó al bebé por largos meses y soportó la agonía y la ansiedad del parto. Muy a menudo, nosotros los padres, no apreciamos lo que nuestras esposas han hecho.

La vida de una madre está en peligro cada vez que ella da a luz. En tiempos de mis padres era común decir que la mujer en trabajo de parto tenía un pie en la tumba; esto sigue siendo cierto hoy, a pesar de las modernas intervenciones que hacen mucho más seguro el dar a luz.

Por consiguiente, si el alumbramiento va bien, debería ofrecerse una oración especial a Dios. Después de la llegada de nuestro primer niño, mi esposa y yo encendimos una vela y agradecimos a Dios por su protección, allí mismo en el hospital, en medio de las enfermeras y los médicos que nos habían ayudado.

5

Maternidad

Sus hijos se levantan y la llaman bienaventurada,
también su marido, y la alaba diciendo:
Muchas mujeres han obrado con nobleza,
pero tú las superas a todas.

Proverbios 31:28–29

Maternidad

UNA VERDADERA madre piensa día y noche en el bienestar de sus hijos. Ella es la primera en elogiarlos y consolarlos y es también la primera en protegerlos cuando siente el peligro. Es ella quien los ha llevado en su vientre y ha sobrellevado las penas del embarazo y el alumbramiento, y es ella la que ahora continuamente los lleva en su corazón. Su intuición es a menudo más precisa que la de su esposo, y no permite que él aliviane sus preocupaciones o la consuele muy fácilmente. Ella también es la primera en volverse a Dios en representación del niño. Quizá esto sea lo que inspiró el viejo refrán judío: «Dios no podía estar en todas partes al mismo tiempo, por lo tanto dio a cada niño una madre».

Cuando un hijo llora a la noche, es usualmente la madre la que acude primero a su lado, ella siente instintivamente el dolor de sus hijos y lo lleva no solo como una carga, sino como un privilegio y un gozo.

La sensibilidad y el amor de una madre no tienen límites. Ella sigue teniendo esperanzas para sus hijos mucho después que otros se han rendido, y ora por ellos aun cuando otros los han condenado. Lo que es más, ella creerá por ellos aun cuando ellos hayan dejado de creer.

Una buena madre es un rol modelo para su familia inmediata y para cualquier otra persona con la que ella se encuentre. Su gozo hace felices a todos los que están a su alrededor. Y cada mujer es llamada a ser madre, sea casada o soltera, y sea que haya tenido o no hijos. La gente nota a una mujer que ama a Dios y cuya principal preocupación es servir a otros.

No puedo agradecer lo suficiente a Dios por el amor de mi madre, y por su profunda relación con mi padre. Aunque ellos nunca podrían ser llamados gente «religiosa», era obvio para nosotros, sus siete hijos, que nuestros padres amaban a Dios, se amaban el uno al otro y a cada uno de nosotros. Y aunque era claro que nuestro padre era la cabeza de la familia, él nunca toleró la más mínima falta de respeto de parte nuestra hacia nuestra madre.

Muchas mujeres hoy día resienten la idea de la maternidad, pero han olvidado que éste es un privilegio más que una tarea. Una vez apreciado como el más alto llamado de una mujer, es ahora puesto de lado por carreras «reales» y visto como un inconveniente o una vergüenza. Aunque esta rebelión podría entenderse en casos de abuso y opresión, no logra nada. ¡Cuán diferente podría ser la vida familiar si admitiéramos nuestra confusión acerca de los roles del hombre y la mujer; si buscáramos re-descubrir el plan de Dios para ambos y nos tratáramos el uno al otro con amor y respeto!

Las mujeres de hoy siguen trabajando en sus importantes empleos justo hasta el momento en que entran en trabajo de parto, y esto es admirable. Pero cuando el embarazo y los niños lo requieren, la prioridad de una mujer debería ser siempre la maternidad. Ella debería ser primero y principalmente madre, y solamente después de esto —médica, maestra, abogada, gerente o contadora. Lejos de sentirse apesadumbrada o resentida, debería sentir la maternidad como un regalo, y a los ojos de Dios, no hay sacrificio más valioso que el que uno hace por un hijo.

Uno de mis ejemplos favoritos de maternidad se encuentra en el Antiguo Testamento. Ana fue estéril por años pero hizo un voto que si tenía un hijo, se lo entregaría a Dios. Su deseo finalmente fue concedido y aun cuando a ella le habrá resultado muy duro, mantuvo su promesa, entregó a Samuel al sacerdote Elí para que creciera como un siervo de Dios. Su fe de niño, fue recompensada no solo una vez, sino muchas más: a su tiempo, ella y su esposo Elcana tuvieron cinco hijos más.

6

Paternidad

He aquí, don del Señor son los hijos;
y recompensa es el fruto del vientre. Como flechas
en la mano del guerrero, así son los hijos tenidos
en la juventud. Bienaventurado el hombre
que de ellos tiene llena su aljaba.

Salmos 127:3–5

Paternidad

DIOS ES EL MÁXIMO EJEMPLO de paternidad. Es el padre de todos nosotros, jóvenes y viejos, y nosotros somos sus hijos. No hay excepciones. Jesús dijo: «Y no llamen "padre" a nadie en la tierra, porque ustedes tienen un solo Padre, y él está en el cielo» (Mateo 23:9; *Nueva Versión Internacional*). Y aunque él quiere ser nuestro padre, nunca nos fuerza a ello. En lugar de eso, él quiere que sintamos nuestra necesidad de él y nos volvamos a él en busca de ayuda. Esta es la razón por la cual la oración del Señor comienza con las importantes palabras: «Padre nuestro».

Dios está esperando por nosotros y nos ayudará en cada necesidad. Tal como dijo Jesús:

> Quién de ustedes que sea padre, si su hijo le pide un pescado, le dará en cambio una serpiente? ¿O si le pide un huevo, le dará un escorpión? Pues si ustedes, aun siendo malos, saben dar cosas buenas a sus hijos, ¡cuánto

> más el Padre celestial dará el Espíritu Santo a quienes se lo pidan! (Lucas 11:11–13; *Nueva Versión Internacional*).

La imagen de Dios como un rol modelo amoroso, no puede enfatizarse lo suficiente. Todos los niños anhelan seguridad tanto física como emocional. Pero un hombre inseguro o falto de carácter no puede proveer a sus hijos ninguna de las dos. Y cuando los hijos son inseguros, las consecuencias pueden ser trágicas.

¿Cuál es la mejor manera en la que los hombres pueden dar esta seguridad a sus hijos? Cualquiera que planee ser padre y traer hijos al mundo debería saber primero que los niños serán fuertemente afectados por su propia relación con Dios. Los que desarrollen esta relación, serán bendecidos, mientras que aquellos que empiezan una familia sin ella, pronto tambalearán. Es Dios quien nos da paternidad, y somos nosotros los encargados de guiar a nuestras esposas e hijos en sus propósitos. Es por esto que en siglos pasados, los padres eran vistos como insustituibles. Ellos pueden no ser los principales dispensadores del cuidado de los niños, pero siguen teniendo la responsabilidad final del bienestar de sus familias.

En los últimos cien años, esto ha cambiado dramáticamente. En un siglo marcado por la guerra, la agitación y la inestabilidad, más niños que nunca, crecieron sin un padre en la casa. Hoy, la gente cuestiona la necesidad de padres: ¿Quién necesita un padre después de todo? ¿Por qué no una madre soltera? ¿O lo que es más, dos madres? Pero este desprecio por el orden de Dios está destinado a tener consecuencias devastadoras, no solo para nuestros niños sino para el mundo entero.

Por supuesto, la verdadera paternidad implica más que estar presente físicamente en la vida del niño. Hay muchos hombres que permanecen emocionalmente distantes de sus hijos, aun cuando viven con ellos en la misma casa. ¿Y cuántos padres confunden el hambre de amor y atención de sus hijos con el deseo de cosas materiales? Muy a menudo, estos hombres tratan de comprar el afecto de sus hijos con regalos, cuando lo que los niños realmente quieren es atención, un abrazo, una sonrisa, o una historia a la hora de ir a la cama.

Durante los primeros cinco años de mi vida, el trabajo de mi padre lo mantuvo alejado del hogar por tres años enteros. Si bien sé que esto ciertamente tuvo un efecto negativo en mi niñez temprana, nunca dudé del amor de mi padre. Estábamos físicamente separados, pero continuaba siendo una presencia positiva en mi vida, y mis hermanas y yo nunca cuestionamos su fidelidad a nuestra madre o a nosotros. Tampoco utilizábamos su ausencia como una excusa para portarnos mal. En lugar de ello, las cosas que él nos había inculcado nos ayudaban a seguir adelante y nos impulsaban a apoyar a nuestra madre.

Esta experiencia me enseñó que es la calidad, y no la cantidad, la que recuerdan los niños. Pero esto no debe ser interpretado como una excusa egoísta. Todavía sigue siendo importante que los padres pasen tiempo con sus hijos e hijas cada vez que puedan. A menudo, es durante ese tiempo aparentemente inútil, aquellas largas horas en el automóvil, por ejemplo, cuando un padre atento puede ser sorprendido por la manera en que el niño se abre y comparte las cosas más sorprendentes.

Por supuesto, la paternidad empieza aun antes de que nazca el niño. Un esposo debería llevar las cargas de su esposa embarazada demostrando amor y comprensión, y no frustración, cuando ella se siente náuseas, cansancio o cuando llora. Si ella necesita reposo, él debería estar listo para llevar aún más carga, ayudando con las cosas de la casa y cuidando de los niños que ya tienen. Y él debe ser una fuente de alegre aliento y seguridad, y orar con ella cuando siente temor o ansiedad.

Algunas veces, el embarazo termina en un aborto espontáneo o el bebé nace muerto, y es entonces cuando el marido debe ser especialmente paciente y comprensivo. Mientras el padre puede sentirse capaz de seguir con su vida bastante rápido, la madre sentirá esta pérdida como si fuera la de cualquiera de los hijos que ya tiene. Aun cuando ella acepte esto como parte del plan de Dios, su dolor debe ser reconocido y no minimizado.

Jesús, el único hombre verdadero, no tuvo temor de verse como una gallina reuniendo a sus polluelos. Como padres, no debemos avergonzarnos de tener nosotros mismos la misma imagen compasiva.

7

Creando un hogar

Y el que reciba a un niño como éste
en mi nombre, a mí me recibe.

Mateo 18:5

Creando un hogar

UNA COSA ES TENER HIJOS, pero crear un verdadero hogar es un asunto muy diferente. Preparar un lugar de amor y seguridad para los hijos es una de las cosas más maravillosas que los padres pueden hacer. Este hogar reflejará nuestro amor por Dios y por nuestros hijos. Jesús nos dice que cualquiera que recibe a un niño en su nombre a él lo recibe (Mateo 18:5).

Desafortunadamente, muchos padres pierden el sentido de lo que esto significa. Algunos simplemente no tienen tiempo para sus hijos: están demasiado ocupados como para ser molestados por ellos. Otros permanecen emocionalmente ausentes de ellos aun cuando se hallen físicamente presentes. Se ven padres en parques de juegos en toda América y Europa hablando por teléfono y enviando mensajes de texto mientras los niños corren alrededor de ellos. Puede parecer que están presentes físicamente, pero sus mentes están en cualquier otro lugar, planeando el siguiente día o la hora siguiente y poniéndose al día con amigos, con las noticias y el trabajo.

Un verdadero hogar es creado solo cuando los padres están listos para dejarlo todo con gozo, brindando sus corazones y sus mentes a los niños que tienen delante. Aquellos que hagan esto a regañadientes, cosecharán amargos frutos. El desarrollo emocional del niño depende del amor y atención que recibe de sus padres; aquellos que no reciban estas cosas en su hogar, desfallecerán en el ancho mundo al cual inevitablemente deben entrar. Lo que ellos necesitan en cuanto a guía, seguridad y amor deben ser proporcionados ahora. Mañana es muy tarde.

Los padres que aman a sus hijos pasarán tiempo con ellos tan frecuentemente como les sea posible, y estarán allí *para* ellos. Las actividades dentro de la casa, tales como leer en voz alta, trabajar en pasatiempos, y hasta comer juntos, ofrecen oportunidades vitales para la interacción y el sentido de unidad. Lo mismo sucede con las actividades al aire libre tales como jugar a la pelota, caminatas, pesca o excursiones. Éstas proveen la clase de experiencias positivas que los niños no olvidarán cuando crezcan, se casen y formen sus propias familias.

Pero el estar con nuestros hijos, y estar allí para ellos, no debería confundirse con darles cosas. ¿Cuántos de nosotros regresamos de un viaje de negocios, cargados de regalos para nuestros hijos, pero no tenemos tiempo para sentarnos simplemente con ellos para oír lo que ha estado sucediendo en sus vidas? ¿Cuántos niños dejan de lado esos regalos, inquietos y aún buscando un amor genuino? Aun los niños pequeños y los infantes pueden ser afectados negativamente por tener demasiados juguetes. Al llenar sus camas y sus habitaciones de animales de peluche y libros, entorpecemos el desarrollo de su personalidad y carácter, además de estorbar su agradecimiento.

Cumpleaños, graduaciones y otras celebraciones son una parte importante de la vida del hogar. Además de ser simplemente ocasiones felices, estos eventos pueden nutrir y ayudar al niño a crecer; son tiempos en los que podemos agradecer a Dios por ellos y dejarles saber cuánto los amamos y apreciamos. Pero son las prioridades que establecemos en nuestras vidas diarias las que tienen el mayor impacto en nuestros hijos. La fiesta más extravagante jamás podrá reemplazar la seguridad que sienten los niños con el tiempo y la atención que reciben regular y diariamente.

La seguridad física no es menos importante que la seguridad emocional. Los padres que aman a sus hijos los mantendrán lejos de estufas calientes, fuentes de agua, ventanas altas, vehículos en movimiento, medicaciones tóxicas. Y aunque se dice a menudo que los padres actuales pecan de sobreprotectores, esto nunca puede usarse como una excusa para ser negligentes en la adecuada supervisión de niños pequeños.

Algunas veces, el crear un espacio para un «tiempo en familia», requerirá determinación y energía, especialmente cuando los niños están jugando afuera con sus amigos, y los llamas para la cena. Muchos niños no estarán felices con esa interrupción, pero una vez que la rutina se ha establecido, ellos mismos la buscarán.

Entre mis mejores recuerdos de la infancia, se encuentran las noches en las que nuestra familia se sentaba delante de la casa a escuchar a nuestro padre contar las historias acerca de Jesús, de los primeros mártires cristianos y otros hombres y mujeres de fe a lo largo de la historia. Nosotros vivíamos en una región apartada de Paraguay, en Sudamérica, donde no había electricidad. Cuando caía la noche, temprana y abruptamente, como suele ser en los subtrópicos, encendíamos velas y continuábamos sentados a la luz parpadeante. Nuestra casa estaba situada no muy lejos del límite de la selva, y a menudo oíamos animales salvajes a la distancia. Cuando teníamos miedo, cantábamos todos juntos y nuestros padres nos contaban de la valentía que proviene del tener una relación personal con Dios. Esto se volvió una realidad para nosotros.

Pero sin importar cómo elige la familia pasar tiempo juntos, unos pocos minutos a la hora de dormir siempre son cruciales. Los niños pequeños necesitan la seguridad del beso de las buenas noches, unas palabras reconfortantes, una corta oración antes de ir a dormir. A los niños que tienen miedo a la oscuridad o a quedarse solos, especialmente aquellos que no son capaces de expresar sus temores, deberíamos recordarles que hay ángeles guardianes que velan por ellos.

No obstante, la verdadera seguridad depende de algo más que palabras reconfortantes. Los niños encuentran su más profunda seguridad interna y emocional cuando el amor de los padres se demuestra con obras, no solo a la hora de ir a dormir, sino en el día a día. Al hablar de la familia en general, la Madre Teresa dice:

> No debemos pensar que nuestro amor tiene que ser extraordinario, sino que necesitamos amar sin cansarnos. ¿Cómo arde una lámpara? A través de un continuo aporte de pequeñas gotas de aceite. Estas gotas son las pequeñas cosas de la vida diaria: la fidelidad, pequeñas palabras amables, pensar en los otros, nuestra manera de estar en silencio, de mirar, de hablar y de actuar. Ellas son las verdaderas gotas de amor que mantienen nuestras vidas y nuestras relaciones ardiendo como una llama viva.

8

El rol de los abuelos

Corona de los ancianos son los hijos de los hijos.

Proverbios 17:6

El rol de los abuelos

Los abuelos son la cosa más maravillosa del mundo, al menos muchos niños piensan eso. Pero muchos de nosotros somos ambivalentes acerca de su papel en la vida familiar. Algunas familias están cegadas por la idea de que los parientes políticos no pueden permanecer juntos, y por aceptar este estereotipo como un hecho, dañan lo que podía haber sido de otra manera una relación significativa. ¿Pero acaso Dios no quiere que vivamos en paz? Después de todo, él fue quien dijo que el esposo y la esposa sean uno, y naturalmente, cada uno de ellos tiene padres.

Desafortunadamente, muchos abuelos hoy languidecen en casas de cuidado o comunidades de jubilados mientras sus hijos y nietos viven lejos. Éste podría ser el reflejo de la realidad económica y social de nuestro tiempo, pero aun así no es algo bueno. En siglos anteriores era impensable que los hijos abandonen a sus padres y abuelos. La palabra «familia», significaba «familia extendida», sin excepción. Y esta familia extendida puede ser una maravillosa bendición.

Aquellos de nosotros que tenemos la suerte de vivir cerca de nuestros nietos, no necesitamos que nos convenzan de esta verdad. Los cuidados de nuestros hijos reflejan su gratitud por los años que nosotros pasamos cuidando de ellos. A cambio, nosotros compartimos nuestro gozo con ellos y sus hijos jugando cartas, cazando, pescando y aún enseñándoles a conducir. Y quizás hasta sirvamos de modelo para ellos.

Mi esposa y yo damos gracias a Dios por ser abuelos, y esperamos ser bisabuelos en los próximos años. Aunque está claro para nosotros que no importa cuánto amemos a nuestros nietos, debemos dejar que nuestros hijos encuentren su propio camino para guiarlos. Esto puede ser duro, especialmente cuando sus ideas acerca de la educación difieren de las nuestras. Pero no podemos quitarles la responsabilidad principal que tienen ellos de sus propios hijos, los cuales permanecerán con ellos mucho tiempo después que nosotros hayamos partido.

Del mismo modo, las parejas jóvenes deberían ser animadas para volverse a sus padres en busca de consejo.

¿Por qué no podrían los abuelos transmitir su propia sabiduría, aun si gran parte de esta fue ganada cometiendo errores? Y aquellos que viven lejos no deberían usar la distancia como excusa. Ellos pueden permanecer activamente involucrados en las vidas de sus hijos y nietos, escribiéndoles cartas y llamándoles por teléfono, explotando las maravillas de la tecnología para un buen propósito. Muy frecuentemente, su ayuda será bien recibida y no resentida.

Los abuelos deberían sentirse libres para aconsejar, pero nunca deberían interferir. Obviamente hay excepciones. En asuntos de seguridad o negligencia, un abuelo no tiene otra opción más que la de intervenir. Pero la mejor ayuda puede ser la de apoyar a los padres de manera práctica: cuando un nieto está enfermo, por ejemplo, o cuando los padres hayan sido presionados al límite por alguna otra razón.

Cada nieto se deleita con atenciones especiales, una historia, una galleta, una ayuda extra con la tarea, o una caminata al aire libre. Por supuesto que los abuelos que viven lejos de sus nietos tendrán que encontrar otras formas de demostrar amor: una tarjeta o regalo, una llamada telefónica, una visita especial. Pero ellos siempre podrán orar por sus nietos, especialmente cuando alcancen los años difíciles de la adolescencia.

Sin importar la edad del niño, el tiempo que pase con un abuelo será siempre enriquecedor. Estos momentos serán experimentados como oasis de consuelo y tranquilidad por el niño, y el abuelo los verá como oportunidades para amar. Al final, ambos serán bendecidos.

9

Los primeros años

Enseña al niño el camino en que debe andar,
y aun cuando sea viejo no se apartará de él.

Proverbios 22:6

Los primeros años

Los educadores han sostenido por mucho tiempo que los primeros cinco años de la vida del niño son los más formativos; sea lo que fuera que los niños experimenten en este período, influirá en ellos por el resto de sus vidas. En el siglo diecinueve, el reformador alemán de la educación, Froebel, escribió que la vida espiritual de una persona se forma en mayor grado por las experiencias de la temprana niñez. La futura relación de un niño con sus padres, con Dios, con la sociedad en general, y aun con la naturaleza, depende primordialmente de su desarrollo durante este período.

Estudios recientes han confirmado esto científicamente. A la luz de este hecho, y de la tremenda responsabilidad puesta sobre cada padre, es vital que el vínculo entre el padre, la madre y el bebé, sea cultivado desde el momento mismo del nacimiento. Los padres deberían recordar que Dios es quien les ha dado el niño, y es su responsabilidad conducir al niño en el camino que lleve a cumplir el propósito de Dios para su vida.

La importancia de la interacción con el bebé no puede enfatizarse lo suficiente. Mi madre siempre decía que la educación empieza en la cuna. Los bebés deben ser abrazados, acariciados y mimados. Se les debe cantar, hablar y sonreír. Y lo que es más importante, deberían ser amados incondicionalmente.

Pero los padres deben tener mucho cuidado de no ver todo en sus hijos color de rosa. He visto vidas de gente joven destruidas porque cuando eran pequeños, sus padres no podían decirles que no; ellos solo veían a sus hijos como «bonitos» y fallaron en disciplinarles. Estos padres fueron tomados rehenes por sus propios hijos, quienes crecieron malcriados, incapaces de aceptar una decepción o sufrimiento y reacios a hacerse responsables de sus acciones.

Los niños pequeños deben ser estimulados y alentados con juegos sencillos, rimas y canciones. El potencial mental de esta etapa es incomparable, y lo que ellos no tomen ahora, será absorbido solo con gran dificultad más adelante. Es por esto que los expertos hablan de una «ventana de oportunidad» que nunca más se abrirá tan ampliamente.

Ciertamente, el desarrollo no debe ser medido solo en términos de aprendizaje y logros. El desarrollo emocional y espiritual de los niños es igualmente importante y a menudo es adquirido cuando ellos están solos. El pasar tiempo a solas es crucial para el desarrollo de la imaginación y enseñará a los niños a entretenerse por sí mismos sin involucrar a ningún adulto. Las horas que pasan con sus fantasías y jugando tranquilamente les infundirá un sentido de seguridad y les proveerá una necesaria pausa dentro de las actividades del día. Muy a menudo, sin embargo, los adultos perturban y fastidian sin necesidad a los niños con sus intromisiones. Ellos no pueden pasar cerca del bebé sin alzarlo, abrazarlo. Si el niño resiste esto, se sienten heridos y una escena feliz de solo momentos antes, es ahora una de frustración y enojo. Froebel lleva esta idea un paso más allá y dice que el juego ininterrumpido es un requisito para un trabajo ininterrumpido. El niño que juega concienzuda y exhaustivamente se convertirá en un adulto determinado.

En cada contacto, un amor considerado con la actitud interior del niño, con su espíritu de simplicidad, honestidad, sinceridad y vulnerabilidad, es crucial. Criar niños no significa moldearlos de acuerdo a nuestros propios deseos e ideas. Significa ayudarlos a que se conviertan en lo que ellos ya son en la mente de Dios.

Desaprender nuestra forma de pensar de adultos no siempre es fácil. Aun los discípulos se indignaban cuando los niños los empujaban para acercarse más a Jesús. Cuando hay niños alrededor, las cosas no marchan como las planeamos. Los muebles pueden recibir rasguños, las flores pueden ser pisoteadas, las nuevas ropas pueden rasgarse y los juguetes pueden perderse o romperse. Los niños quieren tomar cosas y jugar con ellas. Ellos quieren divertirse y necesitan espacio para ser bulliciosos y ruidosos.

Es por esto que para los padres de niños pequeños, los primeros años pueden parecer abrumadoramente extenuantes a veces, y al final de un largo día, los niños pueden parecer más una molestia que un regalo. No son muñecos de porcelana sino pícaros con dedos pegajosos y narices mocosas. Ellos lloran en la noche. Aun así, si tenemos niños, debemos darles la bienvenida tal como son.

10

Enseñando el respeto

Honra a tu padre y a tu madre, para que tus días sean prolongados en la tierra que el Señor tu Dios te da.

Éxodo 20:12

Enseñando el respeto

TODOS NOSOTROS ESTAMOS familiarizados con el mandamiento bíblico que es la piedra angular para la crianza de un hijo: Honrar padre y madre. ¿Pero qué significa esto? En cierto modo, simplemente significa que los hijos deben aprender a respetar. A los ojos de los niños pequeños el padre y la madre representan a Dios; si ellos no honran a sus padres, ¿cómo aprenderán a honrarlo a él? En otro sentido, esto coloca una carga sobre cada padre: la responsabilidad de ver que este mandamiento sea obedecido.

El honor empieza con el respeto a la autoridad, con el «temor de Dios» y el similar «temor» a los padres, quienes representan a Dios. Obviamente, esto no significa que los niños deben tener miedo de Dios o de sus padres. En lugar de eso, significa que a medida que ellos crecen, deben aprender a vencer su egocentrismo innato y ceder ante otros, cuando la situación así lo requiera.

Pero si el respeto se gana de una manera autoritaria, esto eventualmente generará odio y rebelión. En cambio, los niños estarán predispuestos a someterse a la autoridad si esta nace del amor y la reverencia. Esto conlleva esfuerzo. Sólo puede ser ganada gradualmente, y deberá ser fomentada en una atmósfera de amor y confianza.

Sin embargo, debido que el respeto es una parte esencial de cada relación saludable, es vital que sea enseñado a temprana edad. En mi experiencia, debe establecerse dentro de los primeros cuatro años. En la mayoría de las familias que tienen niños pequeños, esta tarea recaerá sobre la madre, dado que ella es la que probablemente pasa más tiempo con los niños durante los días laborales. Por supuesto que el esposo debería siempre apoyar a su esposa, pero es imperativo que ella establezca la autoridad por ella misma también, de lo contrario, los niños no la obedecerán cuando esté sola.

A veces esto es fácil: guiando al niño con palabras gentiles o apelando a su amor innato. Pero frecuentemente sin embargo, esto implicará una batalla. En ese caso, lo más importante es que la batalla sea peleada y ganada. La falta de respeto parece ser controlable en niños pequeños, siempre se puede usar un «tiempo fuera», hasta que ellos estén listos para escuchar, pero será una dolorosa lucha de voluntades en adolescentes. De igual modo, si la batalla parece ser inevitable, deberá enfrentarse y pelearse hasta el final.

Aun así, el respeto debe ser ganado y no solo demandado. Cuando a los niños les falta respeto por los adultos, usualmente se debe a que los adultos de sus vidas le faltan al respeto a ellos. Aun si crees que tú mereces el respeto del niño, ser intransigente con el solo fin de imponer tu autoridad, tendrá un contra efecto. Tu relación a largo plazo con el niño será afectada y no obtendrás otra cosa más que un corazón endurecido.

Mi padre sentía fuertemente que la autoridad del padre debe basarse en el amor:

> Si nosotros como padres amamos a Dios con toda nuestra alma y con todo nuestro corazón, nuestros hijos tendrán la misma reverencia hacia nosotros, y nosotros tendremos reverencia hacia nuestros niños y hacia el maravilloso misterio de volverse como niños. La reverencia por el espíritu que se mueve entre el padre y el hijo es el elemento básico de una verdadera vida familiar.

Jesús dice que no hay mayor amor que dar la vida por un amigo (Juan 15:13). Un padre debería dirigir a su familia con esa clase de amor y respeto y estar listo para morir por su esposa e hijos. Esta convicción inspirará a sus hijos a honrarlos a ambos tanto a él como a su madre.

Todo en la vida de un niño depende del respeto al padre y a la madre. Este tipo de actitud engendrará respeto por sí mismo y por otros; esto a su vez guiará al niño al servicio a Dios y a la humanidad.

11

Malcriando a tu hijo

La vara y la reprensión dan sabiduría, pero el niño consentido averguenza a su madre.

Proverbios 29:15

Malcriando a tu hijo

A PESAR DEL HECHO de que millones de niños alrededor del mundo crecen en extrema pobreza, la mayoría de los niños en nuestra sociedad tiene mucho más de lo que necesitan. Estamos levantando una generación entera de niños que solo pueden ser llamados malcriados. Nosotros, los padres, somos a menudo rápidos en culpar al materialismo de la sociedad en general o a la dieta regular de comerciales que nuestros niños ven diariamente, pero en realidad, los problemas empiezan mucho tiempo antes de que nuestros niños sean expuestos a cualquiera de esas influencias. En mi experiencia, los niños consentidos son producto de padres consentidos: padres que insisten en hacer las cosas siempre a su manera y aquellos cuyas vidas están estructuradas alrededor de la ilusión de que la gratificación instantánea trae felicidad.

Los niños son malcriados no solo por la superabundancia de comida, juguetes y ropas, sino por complacer todos sus caprichos. Esto ya es bastante malo cuando ellos todavía están en el corralito, pero cuando crecen, los problemas se tornan muchos peores. Los niños que están relativamente seguros de que se saldrán con la suya, presentarán una buena pelea cuando sus deseos son frustrados o denegados, y sus demandas pueden definir rápidamente la relación con sus padres. ¿Cuantos padres agobiados gastan toda su energía simplemente tratando de satisfacer las demandas de sus hijos? ¿Y cuántos más ceden ante los mismos solamente para que estos queden tranquilos?

Los niños también son consentidos cuando se les dan demasiadas opciones. Por supuesto que ellos necesitan aprender a tomar decisiones, pero aquellos que constantemente les ofrecen un abanico de elecciones, ya sea en cuanto a comidas, sabores, bebidas o actividades, les ocasionan un serio perjuicio. Los niños que tienen que hacer frente a tres marcas distintas de cereal en la mesa del desayuno no son más felices que aquellos a los cuales se les pone la comida en frente. Demasiadas opciones generan indecisión, un comportamiento quisquilloso a la hora de comer e ingratitud. De hecho, los niños ansían límites. Cuando sus límites están claramente definidos, ellos florecen.

Es posible también malcriar a los niños sobre estimulándolos. Claro que los niños deben ser expuestos a una variedad de actividades lo suficientemente amplias para mantener su atención y alentar su imaginación, pero los perjudicamos si nos sentimos obligados a ofrecerles una dieta constante de emociones y experiencias. Ellos tienen que aprender que en la vida real hay cosas que simplemente no podemos hacer o tener.

Si les damos rienda suelta, los niños pueden convertirse en pequeños tiranos en casa o en la escuela, y conforme van creciendo, harán cualquier cosa para conseguir lo que quieren. Muy pronto ellos serán adolescentes demandantes e impulsivos, y lo que una vez fue un simple descontento es ahora una inmanejable rebelión.

¿Cómo podemos entonces criar a nuestros niños sin consentirlos? Desde el libro de Proverbios hasta la medicina moderna, la sabiduría es la misma: disciplina a tus hijos. Establece límites, di «no» a menudo o más a menudo de lo que digas «sí» y no sientas pena por tus hijos cuando ellos hacen un berrinche y se apartan desilusionados y malhumorados. Aunque sea duro al principio, los niños bien disciplinados terminarán siendo adultos agradecidos, considerados y seguros de sí mismos, mientras que los que se salen con la suya serán inseguros, egoístas y deshonestos.

Pablo compara a Dios con un padre terrenal y escribe que Dios disciplina y castiga a aquellos que ama (Hebreos 12:6). Si verdaderamente deseamos amar a nuestros hijos como Dios nos ama, debemos hacer lo mismo.

12

Disciplina

Oye, hijo mío, la instrucción
de tu padre, y no abandones la enseñanza
de tu madre; porque guirnalda de gracia son para
tu cabeza, y collares para tu cuello.

Proverbios 1:8–9

Disciplina

EN UNA ERA en la cual la disciplina de cualquier índole se considera como abuso, es tentador descartar los proverbios del Antiguo Testamento acerca del uso de la vara y de malcriar al niño. Así mismo, podemos encontrar sabiduría en aquellos que hablan de la disciplina en un sentido general, aun cuando rechacemos el castigo físico como yo lo hago.

Cuando los niños son conscientes de haber hecho algo equivocado sin que esto tenga una consecuencia, ellos aprenden una mala lección. Especialmente cuando ellos son jóvenes, la fechoría en sí misma, parece bastante pequeña, pero si no se confronta, los llevará a comportarse peor en el futuro. El niño de seis años que no es disciplinado por tomar un puñado de monedas de la cómoda de sus padres, puede muy bien a los dieciséis estar robando en tiendas.

Pero la disciplina es más que simplemente sorprender al niño en el acto mismo, y no significa suprimir su voluntad a favor de la nuestra. Significa conducirle a elegir el bien por encima del mal. Significa enseñarle que el negarse a sí mismo es un valioso rasgo del carácter y no una privación anticuada.

La disciplina efectiva comienza a muy temprana edad. Ya en los primeros meses, los bebés se dan cuenta de que el llanto llama la atención y el interés. Pero una madre que responde a cada queja ya perdió la batalla. Todos los bebés necesitan ser calmados, pero no necesitan que se los levante cada vez que lloran. Si no aprenden a negarse a sí mismos en los primeros años, ¿cuándo lo harán?

Mantenerse firme y consecuente contra la voluntad del niño a menudo resulta irritante. Sin embargo, los padres que estiman la comodidad por encima del esfuerzo de la disciplina encontrarán que a la larga, sus hijos solo se volverán más y más problemáticos. Todos los niños se resisten al principio, pero eventualmente progresan cuando tienen una rutina.

¿Cómo debería ser disciplinado un niño? Regañar y reprender frecuentemente, especialmente cuando se trata de una pequeña indiscreción, a menudo intensifica la impaciencia y el enojo, y ambos, tanto el padre como el niño, terminarán en una pelea a gritos. De la misma manera, los padres que explican y defienden cada acción que toman, quedan exhaustos e inseguros de sí mismos.

Mas bien, los padres podrían elegir las acciones por encima de las palabras. Una de las formas más simples de disciplina es el «tiempo fuera»: poner a un niño, que se ha comportado mal, en otra habitación por unos minutos. Un niño castigado de esta forma se sentirá pronto solo o aburrido y deseará volver a jugar. Cuando él o ella se tranquilizan, el episodio podrá ser perdonado y se le permitirá al niño seguir adelante.

El castigo corporal, sin embargo, no tiene cabida. Mi abuelo, un educador, lo llamó una «declaración de bancarrota moral» y encontró que no solo es dañino, sino inútil. Esto es porque aun la disciplina más fuerte será ineficaz, a no ser que vaya acompañada de amor. Sin calidez y amabilidad, y sin respeto, cualquier forma de disciplina tarde o temprano conducirá a la rebelión.

Por lo tanto, la buena disciplina depende de la confianza entre padre e hijo. Afortunadamente mis hermanos y yo tuvimos este tipo de relación con nuestros padres. Cuando tenía ocho años, hice enojar tanto a mi padre que él sintió que necesitaba castigarme severamente. Cuando él estaba a punto de golpearme, lo miré y dije: «Papá, lo siento. Haz lo que tengas que hacer. Yo sé que todavía me amas». Para mi sorpresa, se agachó, me abrazó y dijo: «Te perdono hijo». Mis palabras lo habían desarmado completamente. El incidente me enseñó una lección que nunca olvidé. No tengas miedo de disciplinar a tus hijos, pero en el momento en que te das cuenta que hay remordimiento de su parte, asegúrate que haya perdón de tu lado.

La consistencia es también clave. Si no concuerdas con tu cónyuge acerca de cómo manejar un incidente, no discutan frente a los niños, o ellos pronto los enfrentarán el uno con el otro. Y no cambies tu enfoque solamente porque la sala está llena de invitados. Muérdete el labio y haz lo que tengas que hacer; de todas formas, tendrás que lidiar con tu hijo después de que los invitados se hayan ido, y tu relación a largo plazo con él es mucho más importante que la impresión que dejes en otros.

No se puede esperar que los niños obedezcan cada orden sin cuestionar, y puede ser necesario explicarles ciertas cosas. Un niño debería usualmente no tener otra opción más que la de obedecer. Sin embargo, si te levantas un conflicto directo, es imperativo que tú ganes. Lo más importante es que tú establezcas los límites y no dejes que el niño lo haga por ti. Si eres capaz de hacer respetar los límites consistentemente y con amor, ellos tarde o temprano serán capaces de fijar límites por sí mismos.

Sin importar cuán a menudo necesites disciplinar a tus hijos, nunca los humilles. No hables de sus errores o debilidades frente a otros adultos, y nunca los compares con otros niños. Es muy fácil etiquetar a un niño como «difícil», pero nunca es justo o correcto. Al igual que los niños, nosotros no solo debemos perdonar las equivocaciones de la hora o el día anterior, sino también olvidarlas, y empezar nuevamente cada día. Y debemos creer en la meta positiva de la disciplina como elocuentemente lo dice Proverbios 19:18 «Disciplina a tus hijos mientras haya esperanza; de lo contrario, arruinarás sus vidas» (*Nueva Traducción Viviente*).

13

Explicando la vida, la muerte y el sufrimiento

Porque mis pensamientos no son vuestros pensamientos, ni vuestros caminos mis caminos —declara el Señor.

Isaías 55:8

Explicando la vida, la muerte y el sufrimiento

Al hablar del nacimiento, la muerte y otros misterios de la existencia humana con los niños, es bueno recordar que la vida misma está en manos de Dios. Los niños entienden esta verdad más fácilmente que los adultos. Sus mentes son simples y sus preguntas directas; si nuestras respuestas van más allá de lo que ellos están preguntando, solamente los confundiremos.

Toda vida viene de Dios y regresa a Dios, y si realmente creemos esto, nuestros temores acerca de la muerte, y los temores de nuestros hijos, son disipados. La Biblia nos dice que Dios tiene poder aun sobre la muerte, y cuan maravilloso será cuando Jesús regrese, como sonará la trompeta, y como todos seremos vivificados, aún más de lo que lo estamos ahora (1 Corintios 15:52).

Hablar a los niños acerca del nacimiento no tiene que ser difícil. La mayoría de los niños aceptarán y entenderán la nueva vida tan simplemente como un regalo que viene de Dios, y tenemos que tener cuidado de no cargarlos con más información que aquella que han solicitado. Por supuesto, lo que ellos preguntan va cambiando con la edad, y conforme crecen, no podremos ocultarles los hechos de la reproducción humana. Aún entonces, la reverencia por Dios como el dador y la fuente de vida, los preparará para aceptar nuestras respuestas, respecto de sus cuerpos y los de otros.

A una edad sorprendentemente temprana, los niños podrían preguntar también, por qué Dios permite tanto sufrimiento en el mundo, por qué permite él la pobreza, la guerra y la maldad, y por qué a menudo parece que el diablo es más fuerte que Dios. Estos pensamientos tal vez nunca se le ocurran a algunos niños, pero pueden causar considerable preocupación en otros.

Cuando los niños preguntan acerca de estas cosas, los padres deberían recordarles que a pesar del pecado, el dolor y la injusticia, Dios es todopoderoso, y su amor gobernará al final. Hay que explicarles que todo el dolor del mundo, especialmente el sufrimiento de la gente inocente, es para Dios también un profundo dolor. Se debe ayudarles a ver que no es culpa de Dios que la gente se odie y empiece guerras. Hay que llevarles a la historia de Adán y Eva, quienes cuestionaron la palabra de Dios y luego le desobedecieron al comer del árbol del conocimiento. Así es como entró el pecado al mundo; antes de la caída del hombre, todos y cada uno vivían en armonía y paz. Así es como Dios quería que fuera, y así es como será nuevamente cuando su reino de paz venga a la tierra.

Esto ayudará a los niños a comprender que el sufrimiento y la muerte son una parte del plan de Dios. Naturalmente, no deberíamos atemorizarlos, pero no les hará daño saber que ellos también sufrirán, y morirán, algún día. De hecho, esto es algo que ellos pueden esperar, siempre que les transmitimos también una fe viva.

Podemos hacerlo aún mejor, admitiendo nuestros propios temores ante nuestros hijos y orando con ellos, a la vez que enfatizamos la paz que encontramos cuando confiamos en Dios. De este modo, los niños aprenderán con el ejemplo a lidiar con el sufrimiento que inevitablemente enfrentarán tarde o temprano.

También debemos estar alertas y dedicar tiempo a los niños que están lidiando con inseguridades. Tal vez un amigo o un pariente ha sido herido o aun muerto, o la maestra ha comentado un accidente reciente o un desastre natural en clase. De cualquier forma, lo que parece ser un incidente pequeño para nosotros, puede ser algo considerablemente grande en la mente del niño. Pero el escuchar sus temores, responder a sus preguntas, y llevarlo a Dios puede traer paz.

También podemos recordar a los niños más grandes que si sienten temor, quizás haya otros que estén en peores condiciones que ellos. Esto les enseñará compasión. Y podemos reafirmarles que Dios no nos cargará con más de lo que podemos soportar.

14

Educación religiosa

Y estas palabras que yo te mando hoy, estarán sobre tu corazón; y diligentemente las enseñarás a tus hijos.

Deuteronomio 6:6–7

Educación religiosa

La educación religiosa es siempre un tema polémico. A pesar de los derechos legales que tiene cada uno de profesar su propia fe, las escuelas públicas, por lo general, rechazan a Dios y abrazan el hedonismo, la falta de respeto, y la irreverencia. Los valores que hemos dado por sentado solo una generación antes son ahora cuestionados, y cualquier referencia a Dios, a Jesús, a la creación, o a la fe, son cada vez más prohibidos.

En muchos ámbitos, el matrimonio ha sido redefinido, y la idea de que una familia debería ser liderada por un hombre, con una mujer a su lado, es tratada de pasada de moda y restrictiva. Los símbolos religiosos y las celebraciones conectadas a la Navidad o a la Pascua son dejadas de lado, supuestamente por respeto a los no creyentes, y la «tolerancia» se ha convertido en un dios.

Todo esto es como quitar la alfombra en la cual están parados nuestros hijos. Esto no tiene nada que ver con otras tradiciones y culturas, sino que es un esfuerzo coordinado de una sociedad impía para destruir la estructura que una vez mantuvo unida la civilización occidental.

Por supuesto que es tonto creer que podemos hacer desaparecer a Dios. Sea lo que fuera que hagamos, Dios estará allí. Dios estuvo allí mucho tiempo antes de nuestra existencia y estará allí mucho tiempo después de que nos hayamos ido. Es imperativo entonces que, como padres, transmitamos con valentía a nuestros hijos los valores religiosos que nos son tan preciados, sin importar las consecuencias.

Nuestros niños anhelan un fundamento sobre el cual pararse. Su estabilidad emocional como adultos depende de lo que les enseñamos cuando son jóvenes. ¿Cómo debemos entonces guiarlos a Dios? Por una parte, nunca podemos hacerles tragar nuestros valores por la fuerza. En cambio, debemos dejarles saber y sentir el impacto de nuestra fe en nuestra vida diaria.

El espíritu de Dios no permite que se lo encasille al espacio de una lección o la memorización de un texto. De ahí que no podemos depender de palabras piadosas, sino que necesitamos acciones y hechos a través de los cuales pasar nuestra fe a nuestros hijos.

Lo que enseñamos ahora, continuará dando fruto en los siguientes años. Si nuestros hijos aprenden a honrar padre y madre y a Dios, ellos transmitirán este mandamiento. Y si ellos aprenden a discernir la diferencia entre el bien y el mal, serán equipados para enseñar este mismo discernimiento a sus hijos.

La mejor manera de llevar a Dios a los hijos es mostrarles la naturaleza. Jesús mismo usó parábolas y metáforas del mundo natural para ilustrar un punto. Aun hoy, todavía los niños pueden sentir a Dios detrás de un brillante amanecer o un cielo estrellado; ellos pueden imaginárselo en el sonido del viento o en una violenta tormenta. Ellos serán los primeros en percibir que detrás de la belleza de la tierra, hay un Creador, que también habita en sus corazones.

Además, podemos enseñar a los niños acerca de Dios: leyéndoles historias, contándoles acerca de la vida de Jesús, y explicándoles el significado detrás de la Navidad y la Pascua. No hay mejor tiempo que las vacaciones antes de la Navidad para leer en voz alta las profecías del Antiguo Testamento concernientes al Mesías, o para contarles de las huestes de ángeles que anunciaron el nacimiento de Cristo. De la misma manera, puede enseñarse a los niños de la Pascua, escuchando de los sufrimientos de Cristo en la cruz seguidos de su gozosa resurrección.

Memorizar versículos cortos de la Escritura es también una manera de enseñar fe. Los niños que aprendan pasajes importantes de memoria, recordarán en el futuro que tienen una roca en la cual pararse, y hallarán consuelo y seguridad a través de las palabras de Dios cuando vengan tiempos duros. Así mismo, la música puede llevar a una persona a Dios; mis propios hijos comenzaron a escuchar el *Mesías* de Handel cuando eran bastante pequeños y dicen que su fe es fortalecida hasta hoy por ello.

Alabar y dar gracias a Dios es tan importante como pedirle ayuda. Ya sea dando gracias antes de una comida u orando antes de ir a la cama, debe enseñarse a los niños a agradecer a Dios por todo lo que tienen: por los padres y la familia, los amigos, la comida, un techo sobre sus cabezas. Debemos recordarles que no todos los niños tienen lo que ellos tienen, para abrir sus ojos a las necesidades de otros.

En un tiempo en el cual retóricas polarizantes y argumentos llenos de odio gobiernan las plazas públicas, es crucial que nuestros hogares sean un oasis de fuerza interior y seguridad; que como padres, modelemos los valores con los cuales queremos que vivan nuestros niños. Este es el mayor regalo que podemos dar a nuestros hijos y el aspecto más importante de la educación.

15

Cuando los niños sufren

Mas aún es mi consuelo, y me regocijo
en el dolor sin tregua, que no he negado
las palabras del Santo.

Job 6:10

Cuando los niños sufren

Cuando un niño sufre y muere, es la madre (además del niño) quien siente el dolor más profundamente. Yo he experimentado esto personalmente en mi vida: dos de mis hermanas murieron en la infancia. Yo nunca las vi vivas, pero sé la pena que la enfermedad y la muerte de ambas trajeron a mis padres, especialmente a mi madre.

Mi esposa y yo perdimos a una nieta a la edad de un mes. Ella tenía trisomía 13 y aunque no vivió mucho, afectó a miles de personas y conmueve corazones hasta el día de hoy. Un poema escrito por otra de mis nietas lo expresa mejor:

Aunque su vida fue corta,
la luz que trajo no morirá:
conmovió todos nuestros corazones
y ahora podemos gritar;
nuestros corazones están abiertos

al mensaje de la niña:
Jesús vendrá otra vez, Amén.

Cualquiera que haya estado al lado de un niño moribundo sabrá lo que quiero decir cuando hablo de la lucha por la vida que existe en cada alma y en cada cuerpo. Esta lucha es independiente de cuanto desean los padres que el niño viva; es independiente aun de cuanto espera el niño ser liberado del dolor.

Esta tenaz voluntad de vivir está en cada persona, no solo en los niños. Está presente aún en el anciano. Ellos pueden estar en el umbral de la eternidad, completamente listos para ir, orando a Dios para que los libere de su miseria, pero cuando llega el tiempo, cuando el cuerpo empieza a apagarse, todavía resulta duro soltar la vida.

Dios está con cada niño que sufre. A menudo esto puede parecer muy difícil o aun imposible de creer. ¿Por qué debería ser mi hijo, por qué deberíamos ser nosotros, los que llevemos esta carga de dolor? ¿Por qué Dios nos dio un niño para amar y luego nos lo quitó? ¿Cómo puede nuestra pena servir para algún propósito?

Aun cuando nadie puede responder a estas profundas interrogantes satisfactoriamente, sabemos que ninguno de nosotros está exento del sufrimiento. Si podemos aceptar esto, aún sin entenderlo, encontraremos paz y un sentido en ello. Al menos deberíamos ser capaces de ver que el sufrimiento nos dirige hacia Dios y a tener compasión por otros.

Más que los adultos, los niños frecuentemente tienen una inclinación natural hacia la fe, porque ellos están muy cerca de Dios. Cuando experimentamos esta clase de fe, deberíamos tener cuidado de no estorbarla sino alimentarla para que pueda convertirse en un fundamento sobre el cual futuras tormentas puedan ser enfrentadas.

Mi padre, Heinrich Arnold, quien perdió su primera hija por una enfermedad incurable cuando solo tenía tres meses de edad, escribe:

> Los niños están más cerca que nadie del corazón de Jesús, y él nos enfoca en ellos como un ejemplo para nosotros. El hecho de que los niños tengan que sufrir es muy extraño. Pareciera que están cargando con la culpa de algún otro, como si estuvieran sufriendo a causa de la creación caída. En un sentido, parecen estar pagando el salario del pecado, aunque es un pecado en el cual ellos no tomaron parte activa todavía.
>
> Quizás el sufrimiento de los niños tiene una conexión cercana con el mayor sufrimiento jamás soportado: El sufrimiento de Dios, el sufrimiento de Cristo por el

extravío de la creación. Por consiguiente, el sufrimiento de un niño siempre tiene un profundo significado.

En un mundo cuya meta es evitar el sufrimiento a toda costa, no podemos olvidar que es a través del sufrimiento que Cristo redimió al mundo. Visto de esta forma, el sufrimiento puede cambiarnos y profundizar nuestra fe. Sin fe, puede volvernos amargados, pero con fe, puede salvarnos, aun cuando sea duro de sobrellevar.

16

El niño especial

Todo esto lo hizo mi mano, y así
todas estas cosas llegaron a ser.

Isaías 66:2

El niño especial

Jesús dice que si alguno quiere seguirlo, primero debe negarse a sí mismo y tomar su cruz (Marcos 8:34). Estas palabras estaban dirigidas no solo a la gente de su tiempo, sino también a nosotros hoy. Cada uno de nosotros que desee seguir a Cristo debe estar dispuesto a llevar la carga depositada por Dios sobre nosotros.

Debido a que la cruz que carga cada persona es diferente, tendemos a mirar a los otros y comparar nuestra carga con la de ellos. Pensamos, cuan atlética, bien parecida, elocuente o dotada es la otra persona y nos preguntamos si tienen siquiera alguna cruz que cargar. La envidia nos deja insatisfechos.

Indudablemente, cada hombre, mujer o niño tiene una carga que llevar. Aun el apóstol Pablo tenía «una espina en la carne». Le pidió a Dios que se lo quitara, pero Dios le respondió: «Te basta mi gracia, pues mi poder se perfecciona en la debilidad» (2 Corintios 12:7–9). Si aceptamos esa gracia, estaremos dispuestos a soportar la carga más pesada. Y aunque parezca extraño, puede inclusive transformarse en una bendición.

Hoy día, con la disponibilidad de hacer análisis sofisticado prenatale, las anomalías fetales son a menudo descubiertas al principio del embarazo. Algunas veces, esto puede conducir a una cirugía intrauterina o alguna terapia para preservar la vida del bebé. Pero en muchos casos, si no en la mayoría, los médicos posteriormente aconsejan un aborto. Ellos argumentan que es por el bien de ambos, del niño y de los padres, y sugieren que permitir que este niño llegue a término es no solamente injusto sino irresponsable, porque el niño será una carga para la sociedad.

Aun así, el aborto es siempre malo. Dios siempre tiene un propósito específico en mente para cada persona, para cada pequeño ser humano que ha sido concebido. Independientemente de cuán corta sea su vida o cuán difícil, cada niño nuevo trae un mensaje particular de parte de Dios. Ninguno de nosotros puede presumir de saber exactamente cuál es ese mensaje. Pero de igual modo, el mensaje está ahí, si solamente abrimos nuestro corazón a éste.

Mi esposa y yo recordamos esa verdad cuando una de nuestras hijas dio a luz su quinta hija en el 2008. Stephanie nació con trisomía 13, una condición que no tiene cura, y su pequeño rostro estaba interrumpido por una hendidura palatina. Ella vivió solo un mes, pero rápidamente aprendimos a amarla, y pronto vimos en ella una belleza que era mucho más profunda que la perfección física: la profunda paz de Dios que ella irradiaba a todos aquellos que estaban alrededor de su cuna. Cuando ella murió, lloramos y lloramos, y aunque sabíamos que ella no viviría, había sido un ángel en medio nuestro y nos había traído un mensaje del cielo que iba más allá de las palabras.

Por supuesto que el descubrimiento de que un recién nacido es discapacitado puede ser muy perturbador. Los padres a menudo se culpan a sí mismos, o se preguntan qué pudieron haber hecho para merecer este mal. Pero aunque estos pensamientos pueden parecer muy naturales, no debemos darles lugar. Más bien, debemos tratar de ver la situación desde una perspectiva más profunda, como una bendición que puede acercarnos el uno al otro y a Dios.

Cuando Jesús y sus discípulos encontraron a un hombre que era ciego de nacimiento, sus discípulos le preguntaron: «Rabí, ¿quién pecó, éste o sus padres, para que naciera ciego?» Jesús respondió: «Ni éste pecó, ni sus padres; sino que está ciego para que las obras de Dios se manifiesten en él» (John 9:1-3). Éste ciertamente fue el caso de Stephanie. Sus anomalías vinieron a nosotros de Dios como una revelación de sus poderosas obras. El desafío para nosotros es aceptar o no estas revelaciones, y darles la bienvenida o no.

Muchos padres de niños discapacitados no los ven como un regalo. Muy a menudo ellos son impacientes o aún intolerantes, o si no, sobreprotectores. Para ellos, un niño discapacitado hiere el orgullo de la familia. Ellos ven al niño como una decepción y se sienten deshonrados y avergonzados. Los vecinos, parientes y amigos con frecuencia agravan la situación con sus comentarios insensibles, al igual que los médicos y los terapeutas que sugieren que el niño debe estar en una institución.

¡Cuán diferentes podrían ser las cosas si vieran a los niños discapacitados como un regalo y no una carga! Cuando nuestros amigos dieron a luz un niño con síndrome de Down en 1967, ellos se regocijaron y nosotros también. Louisa tenía un defecto serio cardíaco pero vivió sus veintinueve años al máximo. Ella irradiaba gozo y entusiasmo adonde quiera que iba, y conmovía a las personas más complejas y cautas con su franqueza y su risa contagiosa. Aún mientras moría, ella dijo a sus amigos y familia, «¡Estoy pensando en la VIDA!».

Los niños como ella no son deseados hoy. La verdad es que la posibilidad de un niño discapacitado puede parecer más de lo que una familia es capaz de enfrentar. Aun los padres más fuertes necesitarán apoyo algunas veces y nunca deberían sentirse culpables por buscar o pedir ayuda. Aquellos de nosotros que no tenemos que lidiar con un niño como éste, podemos ofrecer apoyo práctico cuando podamos, trayendo al niño a nuestra casa por una noche o un fin de semana, dejando que los padres se relajen y encuentren nuevas fuerzas.

Debido a sus necesidades especiales, es muy común que estos niños sean tratados de forma diferente a los otros. Muy a menudo, los padres satisfacen todos sus caprichos y los malcrían. Pero consentir a estos niños es un gran perjuicio, porque esto limita su futuro, su desarrollo físico y mental, además de su independencia emocional.

Todos los niños necesitan la calidez del afecto físico, y los niños discapacitados quizás lo necesiten aún más que otros. Pero ellos no deberían ser mimados con constantes abrazos, besos y regalos. Más bien, deberían ser alentados a usar sus habilidades al máximo y ser tratados de la manera más normal que se pueda. Esto no quiere decir que deberían ser presionados en su rendimiento, ni conducidos a asumir responsabilidades más allá de sus capacidades. De igual forma, es asombroso cuánto puede lograrse con expectativas firmes. Como pastor, he visto una y otra vez cuánto puede ayudar una perspectiva optimista al niño más discapacitado a alcanzar movilidad, independencia y autoestima.

Puede ser tentador preguntarse por qué una persona nace con discapacidades mentales o físicas, mientras el siguiente nace con una salud perfecta. Pero debemos creer que cada cosa que sucede en la vida, buena o difícil, tiene un propósito. Debemos creer que Dios puede tornar una aflicción en bendición si aceptamos humildemente lo que él nos envíe. Cristo viene a nosotros en la forma de un extranjero, un mendigo y un ángel, ¿Por qué no podría venir también en la forma de un niño discapacitado?

17

Adopción

La religión pura y sin mácula
delante de nuestro Dios y Padre es ésta:
visitar a los huérfanos y a las viudas
en sus aflicciones, y guardarse
sin mancha del mundo.

Santiago 1:27

Adopción

APARTE DE LAS MILLONES de vidas que se pierden por abortos, miles más de niños vienen al mundo sin ser deseados. Algunos son rechazados por sus padres, que no pueden hacer frente a las demandas de alimentar otra boca más; otros son abandonados porque tienen malformaciones o son discapacitados. Y estos niños no solamente son abandonados en hospitales y clínicas, sino que un creciente número de ellos son dejados en tachos de basura o contenedores de desechos por adolescentes que no pueden lidiar con ellos, o por adultos que son abusivos, adictos al alcohol o a las drogas o simplemente incapaces de lidiar con lo que ello significa.

Obviamente, son los padres biológicos de estos niños los que tienen la mayor obligación hacia ellos, pero al mismo tiempo, el abandono de bebés y niños pequeños es una acusación a todos nosotros. Mientras haya barrios pobres y guetos y explotación y desempleo, aquellos de nosotros que disfrutamos de seguridad económica, también tenemos culpa.

¿Cómo podemos ayudar a mujeres que se sienten tan abrumadas que se rehúsan a cuidar de un bebé que ellas mismas han llevado en sus cuerpos? Mi abuelo, quien de manera manifiesta se opone al aborto, afirma que es incorrecto protestar contra él, sin proveer a las familias una alternativa práctica. De la misma manera, no podemos condenar a las personas que abandonan o dan a sus hijos a menos que abordemos las presiones que las impulsan a esta decisión drástica. Esta no será una tarea fácil, pero está claro que las iglesias, los refugios, las clínicas y los trabajadores sociales no hacen lo suficiente.

Puede llevar años de espera y miles de dólares adoptar a un niño, y reunir parejas esperanzadas con niños no deseados puede resultar extremadamente difícil. En algunos casos, esto se debe a que el niño no cumple los altos estándares de los padres potenciales o no satisface los deseos de los mismos; en otros casos, las agencias de gobierno se han visto forzadas a ser muy cuidadosas a fin de proteger a sus clientes de operaciones ilegales. Pero está claro que se necesita tomar medidas radicales para hacer que la adopción sea más fácil y económicamente menos gravosa, mientras se mantienen las regulaciones de seguridad.

Aun cuando la adopción se concrete, criar a un niño adoptado no es fácil. Muchos de estos niños son víctimas de abuso y negligencia, o las circunstancias de su nacimiento les han dejado cicatrices en el alma y el espíritu. Ellos podrían tener también problemas médicos o problemas psiquiátricos subyacentes.

Aun así, ellos deben ser recibidos con amor incondicional. Ya hace cien años atrás, el pastor alemán Blumhardt ofreció su consejo que todavía sigue siendo oportuno:

> Cualquiera que adopte niños, tendrá que aceptarlos con toda su ingratitud, o no le irá bien. Adoptar niños y esperar que estos lo agradezcan es antinatural. Los niños nunca demuestran especial agradecimiento hacia aquellos que los vistieron y los alimentaron, solamente demuestran amor tal cual lo hacen los niños. Ellos dan por sentado de que no los dejaremos desnudos o con hambre y que no haremos lo mínimo si podemos hacer un poco más. Y ellos sentirán que tienen *derecho* a esto, quienquiera sea el que los cuide.

Muchas personas que adoptan niños, sin embargo, piensan que estos niños deberían mostrarles agradecimiento, ya que ellos podrían sentirse impresionados por el hecho de que personas que no les deben nada, los han acogido por compasión. Pero es precisamente así como *no* se sienten, por lo tanto no deberíamos demandar esto de ellos.

Ámalos sin esperar gratitud, aun cuando te causen problemas; tendrás que aceptarlos con sus travesuras. Ellos lo sentirán y te amarán por ello, pero sin palabras.

Muchas veces se les da a los niños adoptivos todo lo que necesitan pero sin amor, y aun con palabras, es así como se les hace sentir. Esto los lastima profundamente y puede incluso despertar odio en sus corazones...

Los niños adoptados no quieren tener menos privilegios que los niños con quienes viven. Estos niños tienen una mirada aguda y si ven diferencias, esto los lastimará terriblemente. ¿A qué se debe esto? Son simplemente niños, y no ven por qué un niño debería tener más que otro.

Si adoptan niños, adóptenlos por completo, de tal modo que puedan ser libres para ser simplemente niños y puedan demandar de ustedes, todo lo que demandan los niños.

Haríamos bien en recordar lo que dijo Jesús: «El que reciba a un niño como éste en mi nombre, a mí me recibe» (Mateo 18:5). Ciertamente, esta maravillosa promesa se aplica a los padres adoptivos – a cada pareja que recibe a un niño en su hogar.

18

Los niños y el pecado

Si decimos que no tenemos pecado,
nos engañamos a nosotros mismos, y la verdad
no está en nosotros. Si confesamos nuestros pecados,
El es fiel y justo para perdonarnos los pecados
y para limpiarnos de toda maldad.

---

1 Juan 1:8–9

Los niños y el pecado

A PESAR DE LA INCLINACIÓN pecaminosa de cada ser humano, los niños están más cerca de Dios de lo que lo estamos nosotros, y si alguien entrará al reino de los cielos, serán ellos. Pero es un error ver a los niños como buenos por naturaleza, ver todo lo que hacen color de rosa y justificarlo como propia de la infancia.

Debemos recordar que cuando los niños hacen algo malo, ellos no siempre hacen cosas malas de la manera en que los adultos las haríamos. Pero aun así, no es correcto pensar que ellos no son susceptibles al pecado. Sí lo son, y deben ser ayudados para que puedan elegir lo bueno sobre lo malo una y otra vez. Debido a que sus voluntades son aún completamente libres, no se debe permitirles que sean presa del mal sino que deben ser conquistados para el bien.

La dureza y la crueldad de cualquier índole siempre son malas, pero también lo es el permisivismo. Por lo tanto, la disciplina y el castigo son necesarios aunque en dependencia de una relación de amor y confianza. Si amamos a Dios y queremos guiar a nuestros niños a él, encontraremos la «sal» bíblica que exige el amor verdadero.

Independientemente de que tan pequeño sea el niño, siempre puede aprender a disculparse después de hacer algo malo, y hacerlo sinceramente. Lleva toda una vida aprender la humildad, y los padres que no inculcan esto a sus hijos cuando son pequeños, descubrirán que es mucho más difícil cuando ya son mayores. De ahí el refrán: «Hijos pequeños, problemas pequeños; hijos grandes, problemas grandes», no debería ser despreciado como un viejo cliché; los padres que conquisten la obstinación a los tres años, estarán muy por delante de aquellos que esperen para abordar el mismo problema en un adolescente.

Algunas veces el mal comportamiento es un clamor por atención o una reacción a la falta de amor. En estos casos, no deberíamos apresurarnos a sacar conclusiones o asumir que el niño está consciente de que hizo algo malo. Los niños son el centro de su pequeño universo; ellos ven el mundo a su alrededor desde su perspectiva. Cuando toman alguna cosa para sí mismos con mucho entusiasmo, no es porque sean egoístas, sino porque quedaron cautivados por ella. Este hecho natural de centrarse en ellos mismos no es malo en sí mismo. De igual forma, se debe ayudar a los niños conforme crecen a ver más allá de ellos mismos.

Cuando los niños presumen o lastiman a otros, o cuando mienten o roban, es tentador culparlos solo a ellos, pero los padres sabios, también se mirarán a sí mismos y se preguntarán qué hay en ellos que puede haberles conducido a este comportamiento. Blumhardt aconseja que volvamos la espada hacia nosotros mismos y que cortemos el pecado en nuestros corazones; el pecado podría haber resurgido en nuestra descendencia.

Habría que ayudar a los niños que son celosos o peleadores a resolver sus diferencias de una manera positiva. Los niños tienen además una asombrosa capacidad de compasión, y nuestro enfoque principal debería ser afirmar esta capacidad y no luchar contra sus inclinaciones egoístas. De este modo, ellos empezarán a comprender el significado de los dos grandes mandamientos: «Amarás al Señor tu Dios con todo tu corazón, y con toda tu alma, y con toda tu mente», y «Amarás a tu prójimo como a ti mismo» (Mateo: 22:37–39).

Para ellos es importante además, aprender que en la vida no hay igualdad de condiciones, que ésta no es «justa». Aquellos que puedan aceptar esto a una temprana edad, estarán mejor equipados para manejar las crueldades de la etapa adulta. Aun así, no debemos ignorar los efectos de la personalidad de un niño y su lugar en la familia y la clase. ¿Es él o ella la mayor o el mayor? ¿El menor o la menor? No muestres favoritismo, y recuerda que la generosidad se enseña mejor con el ejemplo y no a través de largas exposiciones.

Frecuentemente el bochorno o la vergüenza puede causar que los niños evadan alguna cosa contando una media verdad. Si ellos realmente tienen miedo de las consecuencias de lo que han hecho, podrían decir una mentira completa. Esto no debería sorprendernos. De todos modos, si un niño ha sido deshonesto, es importante establecer los hechos y luego ayudarlo a enfrentarlos y enmendarlos.

Si piensas que un niño está mintiendo pero no estás seguro, no lo presiones hasta que confiese. El tratar de atrapar al niño «en el acto mismo» o investigar todos los motivos posibles causa un gran daño; debilita la autoestima y destruye la confianza. Simplemente haz saber al niño que estás descontento con la situación y deja la puerta abierta para arreglar el asunto con franqueza, más adelante. Los niños casi siempre responden a esta sugerencia y podrían inclusive despertar a sus padres en medio de la noche para admitir una mentira porque les remuerde la conciencia. Cuando la verdad salga a luz, apláudelos por haber puesto un punto final, y perdónalos como Jesús mismo nos ordenó: «Si tienen algo contra alguien, perdónenlo, para que también su Padre que está en los cielos les perdone a ustedes sus ofensas» (Marcos 11:25; *Reina Valera Contemporánea*).

Las preguntas infantiles sobre las diferencias entre las personas deben responderse sencillamente, pero la mofa, la falta de respeto y la burla, deben ser siempre confrontados; lo que comienza como una irreverencia hacia otras personas, puede rápidamente convertirse en irreverencia hacia Dios. Por esta razón, poner sobrenombres a las personas, burlarse de ellas, así como imitar su forma de ser y sus características físicas, no deberían pasarse por alto.

Al igual que el pecado sexual, la indecencia nunca debería ser ignorada, pero la dureza y el moralismo pueden causar un daño enorme e irreparable. Los niños pasan por períodos de curiosidad sexual, y nosotros no deberíamos nunca proyectar nuestras perversiones de adultos sobre ellos. Ellos harán preguntas sobre sexo y sus cuerpos, a las cuales nosotros deberíamos responder con la verdad y sin vergüenza, pero sin ofrecer más información de la que han solicitado.

Si el niño ofende en el área sexual, los padres deberían apelar a la conciencia, ayudando al niño a escoger lo bueno sobre lo malo. Debido a que el niño instintivamente siente que lo que hizo está mal, él podría mentir acerca de ello. Aun así, los padres deberían ser muy cuidadosos de no magnificar el asunto. Ellos deberían determinar que es lo que sucedió en realidad, disciplinar al niño y seguir adelante. Preguntas e interrogatorios extensos solo atraerán la atención al área sexual y cargarán aún más al niño.

Mis padres, los cuales trabajaban como maestros, nunca se cansaban de enfatizar que gran injusticia es etiquetar a los niños o adolescentes por sus fechorías. Ellos advertían contra sacar conclusiones acerca del carácter del niño y su futuro desempeño, y hacían hincapié en una perspectiva constructiva que ayude al niño a encontrar nuevos intereses.

Dada la desconcertante amplia gama de métodos de crianza de niños promovidos hoy día, ¿En cuál de los buenos consejos deberían confiar los padres? Benjamin Spock, cuyos libros influenciaron a una generación entera, sugirió que los padres saben más de lo que ellos piensan, y que ellos deben confiar en los instintos y habilidades que Dios les dio. En cierto grado, él tenía razón: necesitamos confiar en nuestro propio juicio si vamos a ser padres efectivos. Pero la paternidad va más allá de métodos y técnicas, y ahí es donde entra Dios. En la búsqueda de la mejor respuesta para sus niños, los padres humildes siempre se dirigirán a él en oración primero.

Llegar a la conclusión que un niño no tiene esperanza y rendirse, demuestra falta de amor y fe. Si verdaderamente amamos a nuestros niños, nunca levantaremos nuestras manos en desesperación. Aun al final del día más duro, no podemos perder el gozo de tenerlos, sino que debemos creer que el poder de Cristo para sanar y redimir está allí para ellos tanto como lo está para nosotros.

19

Construyendo el carácter

Nosotros que somos del día, por el contrario, estemos siempre en nuestro sano juicio, protegidos por la coraza de la fe y del amor, y por el casco de la esperanza de salvación.

---

1 Tesalonicenses 5:8
Nueva Versión Internacional

Construyendo el carácter

VIVIMOS EN UN TIEMPO en el cual casi todo lo que nuestros padres y abuelos nos han enseñado acerca de Dios es menospreciado. Esto se ve en la mayoría de las escuelas públicas, donde los profesores cada vez tienen más miedo de enseñar a sus alumnos lo que ellos verdaderamente creen y donde la fe ha pasado a un segundo plano ante los dioses modernos de la tolerancia y la neutralidad.

Mientras maestros y pastores de décadas pasadas podían defender abiertamente los ideales de la decencia, el trabajo esforzado y la fe; aquellos que promovemos los mismos valores hoy día, corremos el riesgo de ser rotulados como intolerantes o acusados de crímenes de odio. Y el temor de la junta escolar y de los padres llega a tal punto que bordea lo ridículo: un profesor en California fue recientemente censurado por responder a un estornudo con el antiguo «Dios te bendiga», y una escuela secundaria en Rhode Island ha sido forzada a cubrir la pared de un gimnasio que tenía una oración que exhorta a los alumnos a honrar a sus maestros y a cultivar sus mentes y corazones al igual que entrenan sus cuerpos.

Como orador y escritor que ha trabajado en el ámbito de resolución de conflictos por muchos años, he hablado ante innumerables estudiantes de escuelas y colegios secundarios de la ciudad de Nueva York y sus alrededores. Recientemente experimenté por mí mismo esta reacción en una escuela media y suburbana, cuando me pidieron que me retirara, en medio de una reunión matutina, porque incluí a Dios en la ecuación.

¿Pero cómo podemos enseñar a los niños alguna cosa sensata cuando se nos ha dicho que debemos dejar a Dios fuera? ¿Cómo podremos alguna vez enseñar valores si cuestionamos la superioridad de lo bueno sobre lo malo, el brillo de la luz sobre la oscuridad, o la calidez del amor sobre el odio?

Hay un sentir generalizado de que si nos paramos firmemente en nuestras creencias, podemos lastimar a alguien que no las comparte. Ciertamente, yo no defiendo la intolerancia de las creencias o convicciones de otras personas, ni el imponer mis creencias personales arrinconando a otros. Al mismo tiempo, estoy seguro de que, debido a que muy pocos de nosotros hemos tenido que mantenernos firmes en lo que creemos, nos hemos vuelto débiles. No solo nuestros niños, sino nosotros mismos hemos perdido el coraje y la convicción que provienen de haber sido probados.

¿Cómo pueden los padres criar hijos con una moral firme, niños que sean capaces de mantener sus convicciones cuando crezcan? En primer lugar, debemos inculcar a los niños un sentido de valor moral que se traduce en una actitud de confianza, determinación y perseverancia. En su libro *Freedom from Sinful Thoughts* (Libertad de pensamientos pecaminosos), mi padre escribe cómo la actitud de una persona ante las dificultades que enfrentan en la vida determina su bienestar emocional. Esto es igual de cierto para los niños. Ellos deben aprender a adoptar una actitud agresiva ante la frialdad, el acaloramiento, la fatiga, la apatía y la indulgencia, si van a lidiar alguna vez con miedos, heridas y decepciones.

Los niños necesitan aprender a ser valientes; no pueden romper en llanto ante cada insulto o burla. Ellos deben aprender a resistir la presión de grupo y la humillación de ser despreciados por sostener una idea que no es popular. Y deben darse cuenta que la humildad no es menos vital para construir el carácter que la habilidad de pensar por uno mismo. Requiere coraje sostener un punto de vista opuesto dentro de una multitud, pero exige tanto o más coraje reconocer los errores cometidos o admitir una derrota cuando uno está equivocado.

Está claro que la formación del carácter solo empieza en la infancia y debe continuar durante toda la vida. Pero si los padres establecen un fundamento firme para sus hijos en el hogar, ellos no serán decepcionados. Friedrich Wilhelm Foerster, un escritor y educador alemán dice:

> Un niño es educado, no por sostener largas charlas sobre grandes temas, sino por enseñarles pacientemente a realizar las más pequeñas y ordinarias tareas apropiadamente. El carácter es formado a través del entrenamiento en las cosas pequeñas y rutinarias, en la sala y no en la corriente del mundo.

La fortaleza del carácter de un niño (o la falta de este) estará conectada con su disposición a sufrir por el bien de una convicción. Dada la libertad religiosa que gozamos hoy en día, a algunos lectores puede parecerles extraño traer siquiera a colación esta cuestión. Pero como uno que ha experimentado por sí mismo la era McCarthy, sé que las cosas pueden cambiar muy rápidamente. A lo largo de la historia, y hasta los días presentes, los seguidores de casi todas las religiones e ideologías han tenido que soportar oposición.

Cuanto antes nuestros niños se den cuenta de que el discipulado significa sufrimiento y dificultades, mejor equipados estarán. Yo todavía recuerdo una historia verdadera que mis padres me contaron cuando era niño, acerca del hijo adolescente de un molinero austriaco del siglo XVI, quien fue ejecutado porque se rehusó a retractarse de sus creencias «heréticas».

Debemos tener cuidado de no cargar al niño con preocupaciones acerca del futuro. Al mismo tiempo no les hará daño hacerles pensar desde ahora, en cómo un día, tendrán que defender sus creencias.

Christoph Blumhardt escribió que su padre no escatimó palabras para hablar a sus hijos de lo que esto podría significar:

> Él nos reunía regularmente para orar y leer la Biblia y hablar sobre la persecución que podría esperarse para aquellos que confiesan el nombre de Jesús. Yo sentía un estremecimiento recorrer todo mi cuerpo cuando al final

él exclamaba con gestos vívidos: «¡Hijos, que les corten la cabeza antes de que nieguen a Jesús!». Esta educación despertó lo bueno en mí a temprana edad.

Jesús no nos prometió a sus seguidores buenos tiempos. Cuanto mayor es nuestra fe, mayor es la oposición que tenemos que enfrentar a causa de ella.

20

Consideración hacia otros

No hagan nada por egoísmo o vanidad; más bien, con humildad consideren a los demás como superiores a ustedes mismos. Cada uno debe velar no sólo por sus propios intereses sino también por los intereses de los demás.

Filipenses 2:3–4
Nueva Versión Internacional

Consideración hacia otros

EL PONER SOBRENOMBRES y burlarse ha existido desde que existen escuelas y niños. Pero este problema ha dado un sórdido giro con la llegada de los mensajes instantáneos y el internet.

Hoy día, el acoso cibernético se ha convertido en una de las armas más perniciosas en las manos de jóvenes adolescentes; muchos miembros de la policía que sirven escuelas me han dicho que ésta es, de lejos, una de las peores formas de acoso que han visto. Es quizás tan mortífero porque funciona a solas y en silencio y daña profundamente la psiquis del alumno.

El acoso, no solo es un problema social sino también médico. Es sabido que las víctimas sufren síndrome de estrés post-traumático, pesadillas, comen demasiado o comen poquito y ha aumentado la tasa de suicidios, especialmente en adolescentes del sexo femenino. Y los efectos del acoso a esta edad de la formación pueden durar toda la vida; no es solo un rito inofensivo de iniciación o una parte del crecimiento.

El acoso a adolescentes homosexuales, o que la gente *piensa* que podrían ser homosexuales, constituye también un problema. Independientemente de lo que podamos sentir sobre el estilo de vida de alguna persona, nunca es correcto maltratar o marginar a alguien simplemente porque es diferente. De hecho, mi padre advirtió que «el asesinato del alma» es igual de criminal que el asesinato mismo. Es precisamente el adolescente que llama la atención (o aquel que se mantiene retraído) que necesita nuestro amor y estímulo positivo. Si tomamos el tiempo y hacemos el esfuerzo, siempre encontraremos algo en común y una manera de relacionarnos.

El odio hacia las personas de diferente raza, color o cultura, no es distinto. Éste es también algo aprendido. Si se les deja a los niños, ellos jugarán felices juntos ignorando cualquier diferencia en el color de la piel. Cuando vayan creciendo, naturalmente comenzarán a notar las diferencias, pero aún entonces, el tomar conciencia de ello nunca será un problema de odio o prejuicio. El racismo está presente solo en los niños cuya conciencia y sensibilización han sido distorsionadas por los adultos de su entorno.

Siempre que surge cualquier forma de racismo, debemos dirigir a nuestros niños, y a los demás, lejos de las tonterías de las ideas humanas acerca del color, clase y cultura. Lo más importante: debemos buscar el amor de Dios, quien nos creó a nosotros con todas nuestras diferencias, y debemos demostrar a nuestros niños con palabras y hechos que estamos comprometidos a luchar por la justicia y la hermandad entre los hombres y mujeres de la tierra.

Es relativamente fácil criar niños que sean corteses y tengan buenos modales, pero es mucho más difícil inculcarles una genuina sensibilidad hacia el punto de vista y necesidades de los otros. La verdadera consideración va mucho más allá de una cuestión de modales. Significa amar a nuestro prójimo como a nosotros mismos. Significa ver lo que hay de Dios en la otra persona.

Hay muchas maneras de alentar a los niños en ese sentido. Ellos pueden comprar flores para un abuelo, cocinar galletas para el cumpleaños de un amigo, o visitar a un vecino solitario. Conforme aprenden a ver más allá de sus pequeños mundos, descubren la satisfacción de traer gozo a otros.

En su novela *Los hermanos Karamazov,* Dostoievski nos recuerda que la sensibilidad de los niños es tan grande que podemos modelar sus actitudes sin siquiera saberlo y que nuestras lecciones más efectivas serán enseñadas con el ejemplo:

> Cada día y cada hora, procura que tu imagen sea la correcta. Tú pasas al lado de un niño pequeño, pasas, llevando rencor, palabras desagradables, con un corazón lleno de ira. Tal vez no estés consciente de la presencia del niño, pero él te ha visto, y tu imagen inapropiada e indigna puede permanecer en su corazón indefenso. Tú no lo sabes, pero pudiste haber sembrado una mala semilla en él, y ésta podría crecer, y todo porque no desarrollaste en tu interior un amor activo y activamente benevolente.

21

Adolescentes

A los jóvenes, exhórtalos a ser sensatos.
Con tus buenas obras, dales tú
mismo ejemplo en todo.

Tito 2:6–7
Nueva Versión Internacional

Adolescentes

En un mundo que parece cada vez más corrompido cada día, puede ser abrumador pensar conducir a nuestros hijos a través de los escabrosos años de la adolescencia. Pero si nosotros hemos establecido una relación de honestidad y confianza con ellos desde el principio, tendremos una base sólida para avanzar y será imposible para nuestros hijos resistirse a nosotros.

Muchos niños se deslizan tranquilamente durante sus primeros años, sacando los cuernos solo cuando son adolescentes. Pero los padres que esperan hasta que se produzca un conflicto en la casa podrían conseguir solo obediencia externa y no el respeto necesario para resolver problemas como la mentira, la impureza sexual, la burla, y el robo.

Algunos jóvenes simplemente pasarán por períodos más difíciles durante su desarrollo que otros. Por ello, debemos tener cuidado de no ser muy severos al juzgarlos. Pero aun si tenemos un gran corazón, no podemos pasar por alto el pecado, especialmente cuando involucra sexo. La experimentación sexual puede dejar cicatrices por vida en los jóvenes, y les hacemos un daño cuando lo excusamos como «indiscreciones juveniles». En lugar de eso, los jóvenes que han pecado en esta área deben ser guiados hacia el arrepentimiento y la conversión.

Esto nunca se alcanza a través de un castigo severo ni por persuasión o discusión intelectual. Más bien, debemos proteger y alimentar cualquier llama de conciencia que aún quede, aunque sea pequeña. Mi padre siempre sostenía que si una persona seguía los dictados de su conciencia, no podría seguir viviendo su vida sin ponerla en orden. Él comparaba la conciencia con un profeta del antiguo testamento. Cuando la gente de Israel hacía lo malo, se levantaba un profeta y los exhortaba a volver a Dios. Cuando los adolescentes mienten, roban, se drogan, se emborrachan o tienen sexo, la conciencia de ese niño le dice: «Esto está mal, ahora tienes que ser castigado». La conciencia demanda acción porque Dios demanda acción. En otras palabras, es un guía, un timón, y nosotros debemos enseñar a nuestros niños que no es su enemiga, sino su mejor amiga.

Inculcar esta conciencia viva no es poca cosa. Debemos preparar los corazones de nuestros hijos para que ellos se vuelvan una buena tierra para la palabra de Dios. Predicar, sin embargo, no produce esta buena tierra; es más, endurece el corazón. Pero aun así, todos los adolescentes pueden entender que ellos fueron hechos a la imagen y semejanza de Dios, y si ellos pueden ver esto como un compromiso, como un llamado, una tarea y una responsabilidad, pueden desarrollar una autodisciplina que les servirá en todas las áreas. Aquellos que aprendan a respetar sus cuerpos como templos, estarán también mejor equipados para resistir la tentación del alcohol, las drogas o el sexo.

Al igual que nosotros, nuestros hijos fallarán una u otra vez, y en ese momento, debemos recordar que Dios no ha terminado todavía con ellos como tampoco ha terminado con nosotros.

Los años de mi propia adolescencia fueron difíciles porque mis padres a menudo hacían largos viajes. Lo que me animaba era recordar las historias acerca de Jesús que mis padres me habían contado cuando era pequeño. Más tarde, mi esposa y yo criamos ocho hijos que también pasaron por años difíciles. Pero eran las memorias positivas de nuestra niñez, las que nos dieron el coraje para perseverar y tratar de darles a ellos una buena niñez.

Todos nosotros queremos transmitir nuestros valores a la siguiente generación, pero a menudo fallamos al no ver que son nuestras acciones, y no nuestras palabras, las que nuestros hijos llevarán con ellos; que la única cosa que realmente podemos transmitirles a nuestros hijos es una fe viva. Blumhardt, el pastor alemán del siglo diecinueve, vivió en un tiempo más piadoso que el nuestro, pero aun entonces amonestaba a los padres quienes se afanaban por llevar a sus hijos a la iglesia: «En la medida en que Cristo viva solo en sus Biblias y no en sus corazones, cualquier esfuerzo por traerles a él a sus hijos, será en vano».

En muchos hogares, gran parte del conflicto podría resolverse si los padres estuvieran dispuestos a dejar libres a sus hijos y no verter sus inquietudes sobre ellos o presionarlos con sus planes para el futuro. Mi madre, una maestra, acostumbraba decir a los padres: «El mayor perjuicio que pueden hacer a sus hijos es encadenarlos a ustedes mismos. ¡Déjenlos ir!»

Este consejo puede ser difícil de seguir cuando nuestros hijos tienen un mal comportamiento, son rebeldes y dan la espalda a todo lo que les hemos enseñado. Pero especialmente entonces, es cuando debemos orar en lugar de hablar, y encomendar sus almas a Dios. Y debemos tener cuidado de no poner mucha culpa sobre nosotros mismos o volvernos amargados y desalentarnos. En vez de eso, debemos creer. San Agustín vivió una vida de pecado cuando era joven, pero su madre Mónica no dejó de orar por él hasta que éste se quebró y se arrepintió. Más tarde, él se convirtió en un pilar de la iglesia y ha influenciado a incontables personas en su búsqueda de Dios a través de los siglos.

Aquellos que se sienten tentados a desechar una generación entera por disoluta o degenerada deben detenerse y mirarse a sí mismos: por más que odiemos admitirlo, nuestros hijos siempre son nuestro reflejo. Los padres de hoy se retuercen las manos, con razón, por los mensajes de texto y los mensajes de contenido sexual, pero luego ellos mismos pasan horas en sus teléfonos inteligentes; se horrorizan del material de sexo explícito que sus hijos e hijas están viendo, pero luego dejan revistas pornográficas esparcidas por toda la casa. No hay duda de que, como padres, podemos y debemos poner reglas acerca de todas estas cosas, pero a la vez, nosotros debemos ser también buenos ejemplos.

Es un privilegio conducir a los jóvenes a Jesús, mostrándoles cuán maravilloso es el mundo de Dios a pesar de la terrible impureza, corrupción y oscuridad de nuestra era. Y podemos ser alentados y confortados por las palabras de Santiago: «El que hace volver a un pecador del error de su camino salvará su alma de muerte, y cubrirá multitud de pecados» (Santiago 5:20).

22

Conclusión

Porque somos hechura de Dios,
creados en Cristo Jesús para buenas obras,
las cuales Dios dispuso de antemano a fin
de que las pongamos en práctica.

Efesios 2:10
Nueva Versión Internacional

Conclusión

HACE COMO OCHENTA AÑOS o más que mi abuelo declaró que «cada niño es un pensamiento de Dios». Esto significa que no podemos ni debemos tratar de moldear a los niños de acuerdo a nuestros propios ideas y deseos.

Pocos padres y educadores siquiera consideran lo que Dios tiene en mente para un niño en particular. Pero es Dios, y no nosotros, quien creó a nuestros hijos. Él tiene un plan para cada uno, y nuestros hijos se convertirán en ellos mismos solo si se les permite desarrollarse de acuerdo a la voluntad de Dios.

Demasiado a menudo, pensamos en el éxito en términos humanos, como una carrera renombrada y lucrativa o una profesión honorable. Pensamos que les hacemos un favor a nuestros hijos al guiarlos en esa dirección, cuando de hecho, nuestra intromisión en los planes de Dios puede dañar sus almas y sofocar su crecimiento interior.

Ayudar a los niños a descubrir los llamados de sus vidas es quizás la tarea más dificultosa y desafiante que alguna vez enfrentaremos. Cada niño es único y aun en la misma familia, las diferencias entre los niños pueden ser sorprendentes. Pero si escuchamos el consejo que Jesús nos dio, el de buscar primero el reino de Dios y confiar que después de eso todo lo demás se ubicará en su lugar, no seremos decepcionados.

Mis padres nunca me presionaron a mí o a mis hermanas a dedicarnos a algún ámbito en particular. En lugar de eso, ellos trataron de despertar una conciencia social en nosotros, para llenar las necesidades de la humanidad. Ellos trataron también de inculcar en nosotros amor por la humanidad y una compasión que abrazara a todas las masas y no el enfoque en la salvación de un grupo selecto.

Nosotros crecimos durante la Segunda Guerra Mundial, y el sufrimiento de Europa estaba constantemente en nuestras mentes y corazones. De hecho, no teníamos la oportunidad de recibir una educación superior, pero nuestros padres aun así insistían en que aprendamos a trabajar duro mentalmente y físicamente. Ellos sabían que esta base nos serviría para cualquier cosa que terminásemos haciendo.

Mis propias esperanzas para el futuro cambiaban continuamente. Primero quise ser un granjero como mi padre, pero posteriormente él se hizo amigo de un abogado y eso cambió mi manera de pensar. Más tarde, pensé acerca de convertirme en panadero o aun en vaquero. Al final mi familia se mudó a los Estados Unidos y fui a la escuela de negocios. Pero solo permanecí en ese campo por diez años antes de convertirme en pastor.

Por supuesto que todos los padres quieren que sus hijos brillen. Ellos quieren crédito por haber hecho un buen trabajo al criarlos, pero nos equivocamos si medimos a la gente por sus títulos universitarios, salarios o posiciones. A Dios no le importan nada de esas cosas. Él, en cambio, busca almas que deseen estar cerca de él y que anhelen pasar sus vidas aliviando la miseria y el sufrimiento de otras personas alrededor de ellos.

Criar a los niños en ese camino requiere constante oración y atención. ¿Cómo se relacionan nuestros niños con otros? ¿Son sociables y extrovertidos? ¿Lloran cuando otros lloran? ¿Pueden regocijarse cuando otros son felices?

En vez de empujar a nuestros hijos a la autopista académica, debemos enseñarles la oración de San Francisco, cuyas obras son recordadas casi 800 años después de su muerte. Esta es la oración que nos salvará y salvará a nuestros niños:

> ¡Señor, hazme un instrumento de tu paz!
> Que donde hay odio, ponga yo amor;
> Donde hay ofensas; perdón
> Donde hay duda, fe;
> Donde hay desesperación, esperanza;
> Donde hay oscuridad, luz;
> Y donde hay tristeza, alegría.
>
> Oh divino Maestro;
> Concédeme que no busque tanto
> Ser consolado, como consolar;
> Ser comprendido, como comprender;
> Ser amado, como amar;
> Porque es dando como se recibe,
> Es perdonando como se es perdonado
> Y muriendo como se resucita a la vida eterna.

El autor

MUCHAS PERSONAS han encontrado valiosos consejos de parte de Johann Christoph Arnold, galardonado autor con más de un millón de ejemplares de libros impresos en más de 20 idiomas.

Destacado conferencista y escritor sobre el matrimonio, la crianza de los hijos, la educación y la senectud, Arnold fue pastor principal del Bruderhof, movimiento de comunidades cristianas. Junto con su esposa Verena, aconsejó a miles de personas y familias durante más de 40 años, hasta su muerte en abril de 2017.

El mensaje de Arnold tomó forma a partir de encuentros con grandes pacificadores como Martin Luther King Jr., la Madre Teresa, Dorothy Day, César Chávez y Juan Pablo II. Junto con Steven McDonald, un oficial de policía paralítico, Arnold comenzó el programa Breaking the Cycle (Rompiendo el ciclo), que trabaja con estudiantes en cientos de escuelas públicas para promover la reconciliación a través del perdón. Este trabajo también lo llevó a zonas de conflicto, desde Irlanda del Norte y Ruanda hasta el Oriente Medio. Muy cerca de su casa, sirvió como capellán en el departamento de policía local.

Arnold nació en Gran Bretaña en 1940, hijo de refugiados alemanes. Pasó sus años de infancia en América del Sur, donde sus padres encontraron asilo durante la guerra y emigró al estado de Nueva York, EEUU, en 1955. Él y su esposa tienen ocho hijos y muchos nietos y bisnietos.

The victims of
COLLEGE

Otros libros de Johann Christoph Arnold

Setenta veces siete

Reconciliación en nuestra sociedad

Johann Christoph Arnold

¿Por qué perdonar? El lector se encontrará con hombres y mujeres quienes conocen por experiencia propia lo importante que es el perdón, y la paz interior que trae consigo. No todas las historias acaban bien, y Arnold no las disfraza. Expone, entre otros problemas, el no perdonarse a sí mismo, la tentación de acusar a Dios, y la angustia de no poder perdonar por más que se deseara. Lea este libro y sabrá porqué perdonar setenta veces siete es de importancia vital.

Dr. Ediberto López, Seminario Evangélico de Puerto Rico

Arnold demuestra que el oprimido no haría más que colaborar con su opresor si dejara que el recuerdo de sus sufrimientos determine el resto de su vida. El perdón es un poder humanizador. Gracias por esta joya espiritual.

Piri Thomas, autor de *En estas calles bravas*

La prisión más cruel es la prisión de la mente y del espíritu. En verdad, hay una gran potencia en perdonar a otros, igual como hay potencia en perdonarse a uno mismo.

Miguel Arias, redactor de *¡Gracias!*

Un libro ideal... sobre todo para aquellos ministros litúrgicos que preparan liturgias de reconciliación en los grupos parroquiales y en las escuelas. Las narraciones se han inspirado en las vidas de personas reales, enriquecidas con la gracia del perdón.

Otros libros de Johann Christoph Arnold

En busca de paz

Apuntes y conversaciones en el camino

Johann Christoph Arnold

Prólogo por el Obispo Emérito Samuel Ruiz García

Para quienes están hartos de la papilla espiritual servida hoy día en las vidrieras de tantas librerías, *En busca de paz* resultará comida fuerte y sana. Arnold no nos bombardea con recetas espirituales ni hace promesas ilusorias, sino que nos dice, sin ambages, lo que exige de nosotros la verdadera paz, que va más allá de la satisfacción de realizarse a sí mismo. Pero quien la busca, debe estar dispuesto a hacer sacrificios.

Padre Álvaro de Boer, O.P. Comunidad Jesús Mediador, Bayamón, Puerto Rico

Gracias por enviarme *En busca de paz*… Es una lectura fascinante en muchos aspectos. Si la experiencia de la iglesia primitiva permea nuestro ser, somos luz para este mundo, no en el sentido intelectual de la palabra… sino en la práctica del amor hacia los demás… La mayoría de las tradiciones cristianas en nuestra parte del mundo nos conducen a conceptos institucionalizados de la fe… Son sin embargo las paradojas del evangelio las que nos conducen escalonadamente a la vida abundante.

Philip Berrigan, *Ploughshares*

En busca de paz, con su lucidez y poder, está al alcance de toda persona de buena voluntad. La paz es la característica cardinal de los evangelios, y ¡cuántas veces se la pasa por alto!

visite www.plough.com.

Otros libros de Johann Christoph Arnold

Sexo, Dios y matrimonio

Johann Christoph Arnold

Prólogo por la Madre Teresa

Arnold va a la raíz de los bien conocidos problemas causados por el abuso de la intimidad sexual y la destrucción de la familia: la falta de una fe activa en Dios. Nos muestra el sufrimiento que se perpetúa cuando se cae presa de las incontables tentaciones que nos rodean. Al mismo tiempo ofrece palabras de aliento a los descorazonados o fracasados. *Sexo, Dios y matrimonio* les ayudará a sanar y comenzar de nuevo.

John Cardenal O'Connor, Arzobispo de Nueva York

Exalta el don del verdadero amor...Es un mensaje de enorme importancia para nuestro tiempo.

Patricia Lehmann, Pastoral Familiar, Diócesis de Orange, CA

Es un libro importantísimo para los adolescentes, que debe ser incluido en la Educación Religiosa y en la Pastoral Familiar.

Javier Castillo, Pastoral con Adolescentes y Jóvenes,
Diócesis de Orange, CA

En verdad estoy sorprendido por este ejemplar adaptado a la comunidad latina. Es un gran material de educación sexual y espiritual para los adolescentes. Sin duda que lo recomendaremos en nuestros programas y servicios.

visite www.plough.com.